金石
西泠印社
刻
篆

金石篆刻

总主编　杨建新

浙江摄影出版社

魏皓奔　主编

西泠印社社委会　编著

总序

浙江省人民政府省长 吕祖善

中华传统文化源远流长，多姿多彩，内涵丰富，深深地影响着我们的民族精神与民族性格，润物无声地滋养着民族世代相承的文化土壤。世界发展的历程昭示我们，一个国家和地区的综合实力，不仅取决于经济、科技等“硬实力”，还取决于“文化软实力”。作为保留民族历史记忆、凝结民族智慧、传递民族情感、体现民族风格的非物质文化遗产，是一个国家和地区历史的“活”的见证，是“文化软实力”的重要方面。保护好、传承好非物质文化遗产，弘扬优秀传统文化，就是守护我们民族生生不息的薪火，就是维护我们民族共同的精神家园，对增强民族文化的吸引力、凝聚力和影响力，激发全民族文化创造活力，提升“文化软实力”，实现中华民族的伟大复兴具有重要意义。

浙江是华夏文明的重要之源，拥有特色鲜明、光辉灿烂的历史文化。据考古发掘，早在五万年前的旧石器时代，就有原始人类在这方古老的土地上活动。在漫长的历史长河中，浙江大地积淀了著名的“跨湖桥文化”、“河姆渡文化”和“良渚文化”。浙江先民在长期的生产生活中，创造了熠熠生辉、弥足珍贵的物质文化遗产，也创造了丰富多彩、绚丽多姿的非物质文化遗产。在2006年国务院公布的第一批国家级非物质文化遗产名录中，我省项目数量位居榜首，充分反映了浙江非物质文化遗产的博大精深和独特魅力，彰显了浙江深厚的文化底蕴。留存于浙江大地的众多非物质遗产，是千百年来浙江人民智慧的结晶，是浙江地域文化的瑰宝。保护好世代相传的浙江非物质文化遗产，并努力发扬光大，是我们这一代人共同的责任，是建设文化大省的内在要求和重要任务，对增强我省“文化软实力”，实施“创业富民、创新强省”总战略，建设惠及全省人民的小康社会意义重大。

浙江省委、省政府和全省人民历来十分重视传统文化的继承与弘扬，重视优秀非物质文化遗产的保护，并为此进行了许多富有成效的实践和探索。特别是近年来，我省认真贯彻党中央、国务院加强非物质文化遗产保护的指示精神，切实加强对非物质文化遗产保护工作的领导，制定政策法规，加大资金投入，创新保护机制，建立保护载体。全省广大文化工作者、民间老艺人，以高度的责任感，积极参与，无私奉献，做了大量的工作。通过社会各界的共同努力，抢救保护了一大批浙江的优秀非物质文化遗产。“浙江省非物质文化遗产代表作丛书”对我省列入国家级非物质文化遗产名录的项目，逐一进行编纂介绍，集中反映了我省优秀非物质文化遗产抢救保护的成果，可以说是功在当代、利在千秋。它的出版对更好地继承和弘扬我省优秀非物质文化遗产，普及非物质文化遗产知识，扩大优秀传统文化的宣传教育，进一步推进非物质文化遗产保护事业发展，增强全省人民的文化认同感和文化凝聚力，提升我省“文化软实力”，将产生积极的重要影响。

党的十七大报告指出，要重视文物和非物质文化遗产的保护，弘扬中华文化，建设中华民族共有的精神家园。保护文化遗产，既是一项刻不容缓的历史使命，更是一项长期的工作任务。我们要坚持“保护为主、抢救第一、合理利用、传承发展”的保护方针，坚持政府主导、社会参与的保护原则，加强领导，形成合力，再接再厉，再创佳绩，把我省非物质文化遗产保护事业推上新台阶，促进浙江文化大省建设，推动社会主义文化的大发展大繁荣。

2008年4月8日

前言

总主编 杨建新

“浙江省非物质文化遗产代表作丛书”即将陆续出版了，看到多年来我们为之付出巨大心力的非物质文化遗产保护成果以这样的方式呈现在世人面前，我和我的同事们乃至全省的文化工作者都由衷地感到欣慰。

山水浙江，钟灵毓秀，物华天宝，人文荟萃。我们的家乡每一处都留存着父老乡亲的共同记忆。有生活的乐趣、故乡的情怀，有生命的故事、世代的延续，有闪光的文化碎片、古老的历史遗存。聆听老人口述那传讲了多少代的古老传说，观看那沿袭了多少年的传统表演艺术，欣赏那传承了多少辈的传统绝技绝活，参与那流传了多少个春秋的民间民俗活动，都让我深感留住文化记忆、延续民族文脉、维护精神家园的意义和价值。这些从先民们那里传承下来的非物质文化遗产，无不凝聚着劳动人民的聪明才智，无不寄托着劳动人民的情感追求，无不体现了劳动人民在长期生产生活实践中的文化创造。

然而，随着现代化浪潮的冲击，城市化步伐的加快，生活方式的嬗变，那些与我们息息相关从不曾须臾分开的文化记忆和民族传统，正在迅速地离我们远去。不少巧夺天工的传统技艺后继乏人，许多千姿百态的民俗事象濒临消失，我们的文化生态从来没有像今天那样面临岌岌可危的境况。与此同时，我们也从来没有像今天那样深切地感悟到保护非物质文化遗产，让民族的文脉得以延续，让人们的精神家园不遭损毁，是如此的迫在眉睫，刻不容缓。

正是出于这样的一种历史责任感，在省委、省政府的高度重视下，在文化部的悉心指导下，我省承担了全国非物质文化遗产保护综合试点省的重任。省文化厅从2003年起，着眼长远，统筹谋划，积极探索，勇于实践，抓点带面，分步推进，搭建平台，创设载体，干在实处，走在前列，为我省乃至全国非物质文化遗产保护工作的推进，尽到了我们的一份力量。在国务院公布的第一批国家级非物质文化遗产名录中，我省有四十四个项目入围，位居全国榜首。这是我省非物质文化遗产保护取得显著成效的一个佐证。

我省列入第一批国家级非物质文化遗产名录的项目，体现了典型性和代表性，具有重要的历史、文化、科学价值。

白蛇传传说、梁祝传说、西施传说、济公传说，演绎了中华民族对于人世间真善美的理想和追求，流传广远，动人心魄，具有永恒的价值和魅力。

昆曲、越剧、浙江西安高腔、松阳高腔、新昌调腔、宁海平调、台州乱弹、浦江乱弹、海宁皮影戏、泰顺药发木偶戏，源远流长，多姿多彩，见证了浙江是中国戏曲的故乡。

温州鼓词、绍兴平湖调、兰溪滩簧、绍兴莲花落、杭州小热昏，乡情乡音，经久难衰，散发着浓郁的故土芬芳。

舟山锣鼓、嵊州吹打、浦江板凳龙、长兴百叶龙、奉化布龙、余杭滚灯、临海黄沙狮子，欢腾喧闹，风貌独特，焕发着民间文化的活力和光彩。

东阳木雕、青田石雕、乐清黄杨木雕、乐清细纹刻纸、西泠印社金石篆刻、宁波朱金漆木雕、仙居针刺无骨花灯、硖石灯彩、嵊州竹编，匠心独具，精美绝伦，尽显浙江“百工之乡”的聪明才智。

龙泉青瓷、龙泉宝剑、张小泉剪刀、天台山干漆夹纻髹饰、绍兴黄酒、富阳竹纸、湖笔，传承有序，技艺精湛，是享誉海内外的文化名片。

还有杭州胡庆余堂中药文化，百年品牌，博大精深；绍兴大禹祭典，彰显民族精神，延续华夏之魂。

上述四十四个首批国家级非物质文化遗产项目，堪称浙江传统文化的结晶，华夏文明的瑰宝。为了弘扬中华优秀传统文化，传承宝贵的非物质文化遗产，宣传抢救保护工作的重大意义，浙江省文化厅、省财政厅决定编纂出版“浙江省非物质文化遗产代表作丛书”，对我省列入第一批国家级非物质文化遗产名录的四十四个项目，逐个编纂成书，一项一册，然后结为丛书，形成系列。

这套“浙江省非物质文化遗产代表作丛书”，定位于普及型的丛书。着重反映非物质文化遗产项目的历史渊源、表现形式、代表人物、典型作品、文化价值、艺术特征和民俗风情等，具有较强的知识性、可读性和权威性。丛书力求以图文并茂、通俗易懂、深入浅出的方式，展现非物质文化遗产所具有的独特魅力，体现人民群众杰出的文化创造。

我们设想，通过本丛书的编纂出版，深入挖掘浙江省非物质文化遗产代表作的丰厚底蕴，盘点浙江优秀民间文化的珍藏，梳理它们的传承脉络，再现浙江先民的生动故事。

丛书的编纂出版，既是为我省非物质文化遗产代表作树碑立传，更是对我省重要非物质文化遗产进行较为系统、深入的展示，为广大读者提供解读浙江灿烂文化的路径，增强浙江文化的知名度和辐射力。

文化的传承需要一代代后来者的文化自觉和文化认知。愿这套丛书的编纂出版，使广大读者，特别是青少年了解和掌握更多的非物质文化遗产知识，从浙江优秀的传统文化中汲取营养，感受我们民族优秀文化的独特魅力，树立传承民族优秀文化的社会责任感，投身于保护文化遗产的不朽事业。

“浙江省非物质文化遗产代表作丛书”的编纂出版，得到了省委、省政府领导的重视和关怀，各级地方党委、政府给予了大力支持；各项目所在地文化主管部门承担了具体编纂工作，财政部门给予了经费保障；参与编纂的文化工作者们为此倾注了大量心血，省非物质文化遗产保护专家委员会的专家贡献了多年的积累；浙江摄影出版社的领导和编辑人员精心地进行编审和核校；特别是从事普查工作的广大基层文化工作者和普查员们，为丛书的出版奠定了良好的基础。在此，作为总主编，我谨向为这套丛书的编纂出版付出辛勤劳动，给予热情支持的所有同志们，表达由衷的谢意！

由于编纂这样内容的大型丛书，尚无现成经验可循，加之时间较紧，因而在编纂体例、风格定位、文字水准、资料收集、内容取舍、装帧设计等方面，不当和疏漏之处在所难免。诚请广大读者、各位专家不吝指正，容在以后的工作中加以完善。

我常常想，中华民族的传统文化是如此的博大精深，而生命又是如此短暂，人的一生能做的事情是有限的。当我们以谦卑和崇敬之情仰望五千年中华文化的巍峨殿堂时，我们无法抑制身为一个中国人的骄傲和作为一个文化工作者的自豪。如果能够有幸在这座恢弘的巨厦上添上一块砖一张瓦，那是我们的责任和荣耀，也是我们对先人们的告慰和对后来者的交代。保护传承好非物质文化遗产，正是这样添砖加瓦的工作，我们没有理由不为此而竭尽绵薄之力。

值此丛书出版之际，我们有充分的理由相信，有党和政府的高度重视和大力推动，有全社会的积极参与，有专家学者的聪明才智，有全体文化工作者的尽心尽力，我们伟大祖国民族民间文化的巨厦一定会更加气势磅礴，高耸云天！

2008年4月8日

（作者为浙江省文化厅厅长、浙江省非物质文化遗产保护工程领导小组组长）

目录

篆

篆刻是书法（主要是篆书）和镌刻相结合，用印章这一特定形式表现的一门艺术。

金石篆刻概说

篆刻是书法（主要是篆书）和镌刻相结合，用印章这一特定形式表现的一门艺术。

金石篆刻概说

[壹]“金石”与“篆刻”概念的内涵和外延

“金石”与“篆刻”常被作为一个笼统的概念见诸各类文章中，看来似乎没有区别。其实两者虽有联系，但概念的内涵与外延却有着本质的不同。

“金石”早先是指古青铜器、钱币、碑版、刻石等，至清代又扩及铜镜、兵符、砖、瓦当、封泥、玺印等。其外延则应为与金石研究相关的学问，即对金石及其铭文、拓片进行考证和著录的学问，由此又延及对与金石相关的时代、人文背景、史料和艺术价值的研究、考证。因而金石及其研究即金石学是一门涉及历史、古文字、经学、训诂、音韵、古典文学、古籍版本、书法篆刻等方面的学问。西泠印社第二任社长马衡曾著《中国金石学概要》一书，对金石学作了较全面的总结。

“篆刻”从字义上理解，是一门将书写篆字与镌刻上石相结合的技艺。但当今篆刻早已脱离了由篆而刻的实用技艺阶段，其艺术表现功能和欣赏价值日益凸显，成为一种具有独立的审美意识的艺术形式。因此，“篆刻”概念的内涵可定义为：它是书法

◎篆刻是书法（主要是篆书）和镌刻相结合，用印章这一特定形式表现的一门艺术。

秦代铜印

马纽铜印

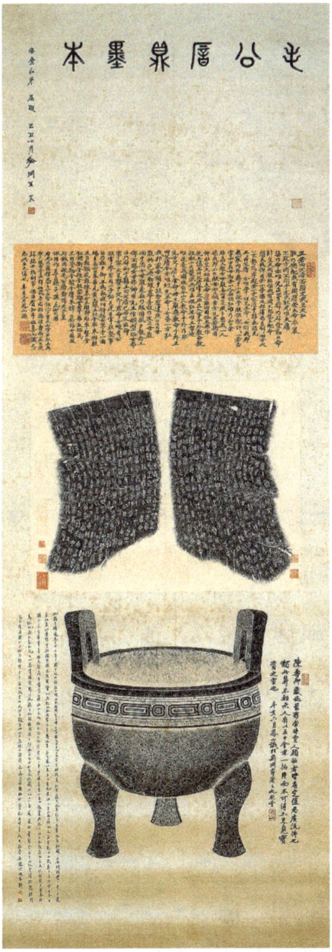

西周毛公鼎拓片

东汉阳嘉残碑拓片

近代吴昌硕印章

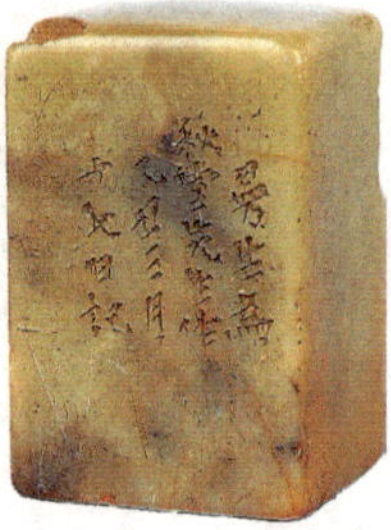

清代陈鸿寿印章

（主要是篆书）和镌刻相结合，用印章这一特定形式表现的一门艺术；它是以中国传统文化中阴阳虚实相生的审美意识为本原，将汉字的书法美、印章章法的表现美、镌刻刀法的自然美融为一体的，具有欣赏价值的表现性艺术。“篆刻”概念的外延应当涵盖与篆刻艺术相关的一切创作手法与理论。

过去之所以把“金石”与“篆刻”概念相混淆，在于篆刻主要取法于秦汉印章，而秦汉印章也是金石学研究的一部分，因而有人就把篆刻研究归属于金石学之中；而许多金石学家兼擅篆刻，篆刻家则必须研究金石学，这又使人将篆刻家与金石学家的身份等同起来。但同是印章，篆刻是从艺术的角度来研究，金石学是从历史考古的角度来研究，两者的概念是不能等同的。1983年，在西泠印社成立八十周年纪念大会上，沙孟海社长对历来被混淆的“金石”与

◎篆刻是书法（主要是篆书）和镌刻相结合，用印章这一特定形式表现的一门艺术。

“篆刻”两个概念作了精辟的论述：“金石学是史学、考古学方面的一门学问，而篆刻则是美术方面的一门学问，两者虽有联系，但不是一回事，犹如书法不等于文字学一样。”明确提出了篆刻应从金石学中独立的观点，廓清了学术和艺术的界限，这对建立独立的篆刻艺术体系具有开创性的指导意义。

[贰]金石研究与篆刻艺术沿革

金石研究在汉代已见端倪，北宋时金石著述初兴，清代随考据之风兴起，金石著述蔚为大观，金石研究形成鼎盛之势，始有“金石之学”称谓；清末民国初期，随着甲骨文的发现，金石学研究又扩展至甲骨、简牍及各种瓷玉杂器等；近代自考古学传入中国后，金石研究成为考古学的组成部分。

篆刻艺术的发展源头可追溯至三千多年前的殷商时代，至秦汉时，印章艺术的发展形成了第一个高峰，但那时印章均出自工匠之手，铸刻印章主要出于实用目的。古代印章在以实用为目的的制作中，伴生出篆刻之美，给后人留下了丰富的篆刻艺术样式，奠定

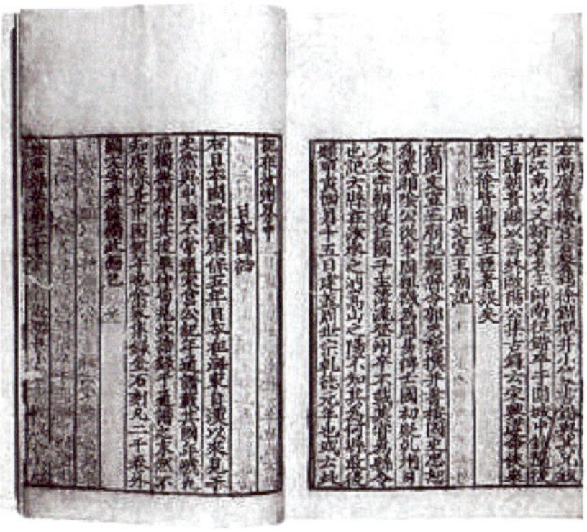

金石学著作《金石录》（宋刻本）书影

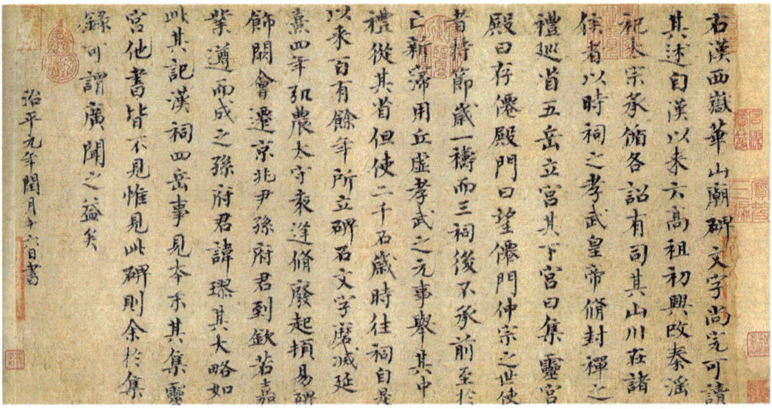

宋金石学著作《集古录》跋尾墨迹

了篆刻艺术语言的基调。篆刻成为一门有自觉的主体创作意识的艺术，应从明清时期文人以石质印材刻印，形成篆刻艺术流派开始，迄今已有五百多年的历史。篆刻艺术流派的形成是篆刻艺术发展史上的又一高峰。

[叁]近现代金石篆刻与西泠印社

西泠印社创建于1904年，建社以来秉承“保存金石，研究印学”的宗旨，经百年传承，融诗、书、画、印于一体，是我国研究金石篆刻历史最悠久、影响最深广的学术团体，其影响力辐射至日本、韩国、东南亚、北美、欧洲，有“天下第一名社”之美誉。

1913年，近代金石书画泰斗吴昌硕出任西泠印社首任社长，盛名之下，海内外印人云起景从；其后马衡、张宗祥、沙孟海、赵朴初、启功相继担任社长，无一不是登高一呼、应者云集之大家。西泠印社创立百年来，名流荟萃，英才辈出，李叔同、黄宾虹、马一浮、潘天寿、沈尹默、傅抱石、丰子恺、吴作人、陆俨

◎篆刻是书法（主要是篆书）和镌刻相结合，用印章这一特定形式表现的一门艺术。

西泠印社华严经塔

少、唐云、程十发、徐邦达、谢稚柳、商承祚、蒋维崧、郭绍虞等金石篆刻、书画、鉴赏、考古、文字学大家成为印社中坚，并有海外印人如河井荃庐、长尾甲、青山杉雨、小林斗庵、梅舒适、金膺显等日本、韩国、新加坡等国的篆刻书画界重要人物加

砖刻《西泠印社图》

1913年西泠印社社员合影

盟。除去抗日战争和“文化大革命”动乱时期，西泠印社每年至少有春、秋两度雅集，逢五、逢十周年更要举行隆重的庆典，海内外社员济济一堂，高朋满座，场面盛极一时。

西泠印社首任社长吴昌硕，为近现代篆刻艺术的一代宗师，其印风雄强朴茂，影响在近现代中国印坛无人可及。王禔、韩登安、陈巨来、方介堪等人，印风各树一帜，从者如云。潘天寿、傅抱石、罗福颐、沙孟海、方去疾等的印学论著，对于中国近现代印学的发展具有举足轻重的作用。马衡、商承祚、马国权、蒋维崧为近现代中国金石研究之权威。一部西泠印社史就是中国近现代金石篆刻史，一部西泠印社名人录就是中国近现代金石篆刻家名录的精华。

篆

印章独特的历史地位是由其自身具备的多方面功能及价值所决定的。大体而言，印章具有政治、经济、文化艺术、学术研究、社会交往五大功能。

印章的功能与价值

印章独特的历史地位是由其自身具备的多方面功能及价值所决定的。大体而言，印章具有政治、经济、文化艺术、学术研究、社会交往五大功能。

印章的功能与价值

从文献记载和考古发现可以确信，我国至迟在战国时期已经大量使用印章。两千多年来，不同种类、不同性质的印章渗透到中国的政治、经济、文化、艺术、社会交往的方方面面，扮演起非常重要的角色，对大一统国家格局的形成和中华文明的发展起到了积极作用。通过对小小印章的历史地位、文化意义的梳理和挖掘，我们可以从另一种角度去体会宏观历史，从而深化对中华民族文明嬗变的认识。

印章独特的历史地位是由其自身具备的多方面功能所决定的。大体而言，印章具有政治、经济、文化艺术、学术研究、社会交往五大功能。这五大功能间有重叠交叉的情况，也有随着历史流变，主次发生变化的情况。比如某公职人员的印信（官印），若钤在递送的公文上，那便是国家公信力之凭证，具有政治功能；若钤在私人间的通信上，则主要体现其个人的信誉，具有社会交往的功能。又，印章的主要功能和价值发生过巨大变化。宋元之前，印章主要是作为政治、经济生活中的法律凭证，多由工匠制作完成；宋元之后，印章变为文人艺术生活中的高雅

◎印章独特的历史地位是由其自身具备的多方面功能及价值所决定的。大体而言，印章具有政治、经济、文化艺术、学术研究、社会交往五大功能。

“事阬陵”印章

“杨具印”印章

“军曲侯印”印章

“关内侯印”印章

消遣，主要由文人自己刻制。由于中国古代有大量的文人从事篆刻活动，因而印章成为和诗歌、书画同样重要的古代传统艺术门类，小小印章集中体现了相关时代的文化精神、学术倾向和文人情趣。

以下从政治、经济及文化艺术、学术研究和社会交往三个方面来探讨金石篆刻（印章）的功能与价值。

[壹]印章在政治、经济生活中的功能与价值

1. 政治生活方面

印章从战国以来就成为国家各级权力机关的象征，是中国古代君主专制和官僚制度的物质体现。

开创一整套官府印章等级体系的是秦朝，其时规定皇帝的印章称为“玺”，用玉质。据卫宏《汉旧仪》记载，汉代“皇帝六玺，皆白玉螭虎纽，文曰皇帝行玺、皇帝之玺、皇帝信玺、天子行玺、天子之玺、天子信玺”。精致、贵重的玉玺无非是为了强调皇权的至高无上和正统地位。皇帝之外，臣下的印章名称、制作、使用必须依照严格的法度。按照刘江《中国印章艺术史》的说法，汉代规定诸侯王、御史大夫、匈奴单于印用黄金，印纽为橐驼；列侯、丞相、大将军印用黄金，印纽为龟；御史、二千石官员印用银，龟纽；一千石、六百石、四百石官员印用铜，鼻纽。另，印纽上还有印绶，印绶的颜色和质地也必须依照官员的等级搭配，不得僭越。关于印章的规格和种类名目繁多，足见其在古代政治生活中的地位。我们今日各类机关签发的公文乃至法律、法规均需要加盖相应公章之后方能生效，可以说是有历史渊源的。

2. 经济生活方面

战国时期的手工业者在烧制陶器时，会将刻有自己姓名的戳记钤于陶器的胎壁上，称为“物勒工名”。山东、河北等地有多件此类印章出土，陈介祺《簠斋藏陶》、刘鹗《铁云藏陶》等书中也有拓片收录。另还发现在漆器上烙印工人名姓的。我们不妨大胆猜测，“物勒工名”的目的有二：一是作坊主指示工人在

◎印章独特的历史地位是由其自身具备的多方面功能及价值所决定的。大体而言，印章具有政治、经济、文化艺术、学术研究、社会交往五大功能。

器物上的戳记

产品上做记号，便于对工人按件计酬和质量监督。这里印章便是一种经济责任和工作量的标识。二是独立的制陶工人在产品上做下记号，表明该陶器出自其作坊，投向市场后是一种自信和负责的表现，印章就是一种品牌。众所周知，时至今日仍然有商号称“××记”，“记”是印章的别称，商家用“××记”作招牌，可能就是起源于产品盖作坊主戳记的行为。

在出土文物中，我们还发现用玺印标刻量器，如战国时期齐国标准量器上盖有“陈华右莫廪□毫釜”专用玺，中国历史博物馆藏战国时期量器右里升大、小二器，其上有铭文“右里启+”四字，有田字格。另，楚国的货币印子金上有铭文如“郢□”、“陈□”等，沙孟海先生也认为是用玺印盖就的。

以上两例都表明印章在古代中国与经济生活息息相关。今日

烙马用印“日庚都萃车马”

我们在签订各类经济合同中仍然频繁使用各种印章，这其中的精神是一脉相承的。

[贰]印章的文化艺术、学术研究价值

印章是我国特有的一个艺术品种，它是我国传统文化的组成部分，凝聚着中华民族的审美经验，体现了民族素质和文化的精神风貌。印章是以书法字体结合镌刻而成的一种艺术，它于方寸之中、红白之间创造各种美的结构和形式。众所周知，印章的起源出于实用，但同样也具有审美作用。古人在制作印章之时，以精湛的技艺、认真的态度，自觉或不自觉地赋予印章优雅的艺术表现力和审美情趣，以至于后人在学习篆刻之时都将古印作为学习的对象。古印中尤以秦汉时期的作品最具代表性和欣赏价值，这一时期为我国印章发展史上的第一个高峰期。

印章不仅具有独特的艺术价值，而且具有重要的学术价值。

1. 印章的艺术价值

印章的艺术价值主要体现在书法艺术和雕刻技艺的结合上。印章作为一种艺术形态存在，最早可以追溯到东晋，集中

◎印章独特的历史地位是由其自身具备的多方面功能及价值所决定的。大体而言，印章具有政治、经济、文化艺术、学术研究、社会交往五大功能。

表现在书画鉴藏印的使用上。宋代以后，文人治印开始成为一种风气，所谓诗、书、画、印成为文人必修课。文人印中的最大类当属将自己的名、字、号、书斋名、籍贯配合刻入印章者。如苏东坡有印曰“东坡居士老泉山人”，姜夔有印曰“白石生”，赵孟頫有印曰“松雪斋”，文徵明有印曰“停云馆”，丁敬有印曰“龙泓馆印”等。这些印往往钤于他们的书画作品上，构成一个完整的艺术整体，别有风味。同时，研究某一家不同时期的印章，也可以帮助我们窥见文人艺术创作理念的转变过程，给作品鉴定提供重要的依据。“诗以言志，文以载道”，印章可以将诗文中最为精粹的语言悉心雕琢，钤在纸上，时时欣赏玩味，这就是又一类文人印——词句印（或称“闲章”）的妙处。如王冕“会稽佳山水”五字印、文彭“琴罢倚松玩鹤”六字印等，或抒发了作者的某种悠远情思，或寄托了作者的一种高雅追求，文字意境和篆刻艺术相得益彰。文人印中还有一类称为“鉴藏印”。文人不仅自己进行创作，又有收藏书画作品、互相馈赠的风习，故而也会刻制一些预备在他人作品上加盖的印章。如宋代“大观”瓢形印、米芾“米芾秘箧”印、王诜“晋卿珍玩”印、蔡京“蔡京珍玩”印、贾似道“秋壑图书”和“秋壑珍玩”印等。有时候一幅普通的书画作品因钤有名家的鉴藏印就会陡然增值，而一些名作之上往往

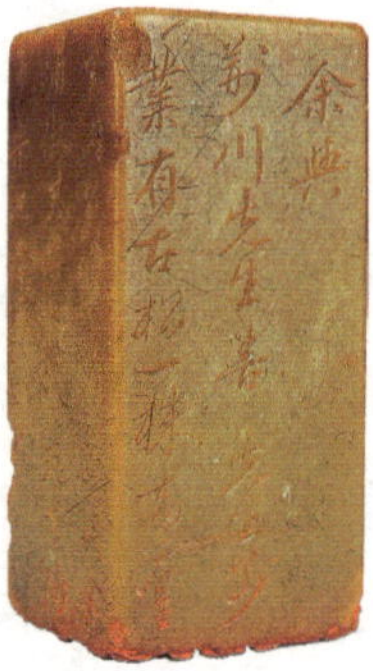

文彭“琴罢倚松玩鹤”印章

高翔“半亩园林数尺堂”（连款）

黄易“伴沽草堂珍赏书画印”（连款）

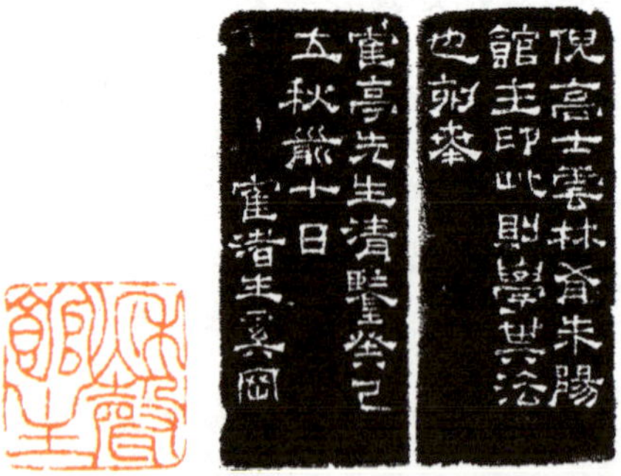

奚冈“秋声馆主”（连款）

林皋“碧云馆”（连款）

◎印章独特的历史地位是由其自身具备的多方面功能及价值所决定的。大体而言，印章具有政治、经济、文化艺术、学术研究、社会交往五大功能。

钤有多位名家的鉴藏印。这些鉴藏印和书画作品都具有极高的艺术价值。

当然，秦汉两代的篆刻技术水平、艺术水平已达到了一定的高度，只是当时的人们并没有把它当做一种艺术加以对待。元代以后，以画梅闻名的王冕创造性地采用一种细腻温润的石材——花乳石作为篆刻用料，并为大家所接受，文人间开始盛行篆刻之风，金石篆刻艺术才由此走进大众审美视野。至明清时期，秦汉先人在篆刻刀法、文字布局上所表现出来的高超的艺术水准深深地打动了一大批篆刻艺术爱好者，他们从艺术的角度来欣赏这些印章，并学习古印巧妙的技术手法，使得篆刻艺术在这一时期出现了中国印学史上的第二个高峰。可以说，篆刻艺术是中国传统文化精神的集中体现，是一种具有丰富文化内涵的艺术形式。

数百年间，这种追求方寸之间分朱布白的微妙意趣，以石为纸运刀如笔的精湛艺术，由于其中体现的书法的用笔、绘画的布局、诗词文赋的精华，以及中国传统文化所特有的阴阳虚实对比，逐渐成为具有独特魅力的艺术形式。

2. 印章的学术价值

印章不仅具有艺术价值，也具有学术价值。第一，我们可以从印章的形制、内容了解当时的社会风貌，比如前文所涉及的

政治、经济制度。第二，我们可以从印面文字中窥探各个时代的书法流变及篆刻技法的演变等。第三，我们可以从印面文字进入篆刻家的精神世界，有助于我们对其画、其诗、其文、其事的解读。事实上，大约从北宋开始就形成了一门学问，叫做“印学”。印学旁及历史学、考古学、古典文学、文艺理论甚至地质科学、工艺设计等学科，它在发展过程中得到这些学科的滋养，又反过来丰富了这些学科的内容。以考古学为例，早在石器时代，先民们就在原始陶器上刻画图案，可以说这是篆刻艺术的萌芽。随着文明的发展，人们选择甲骨作为记录事件或者祈求上苍的书写载体。等到青铜器出现后，更是在新的载体上找到了发挥自己艺术才能的方式。社会生活的方方面面，被用文字或图案生动地记录了下来。到了宋代，金石考据就成为一个重要的学术门类，最后发展为考古学的一个重要分支。

[叁]印章在社会交往中的功能与价值

毫无疑问，印章首先满足了人与人之间传递信息时保密和讲求信誉的需求。印章盖在封泥之上，留下记号，这样收信人在收到信后，可以根据封泥的完好确认该信系某人发出，途中亦未被人开启。

印章材质精美，背上有纽可以穿绳，故又有佩带装饰的功能。不仅如此，古人还会在此类印章上镌刻护身咒语或吉语，以求避邪和安康，如《后汉书·舆服志》记载：“佩双印，长寸二分，方六分……刻书文曰：正月刚卯正央……庶疫刚瘅，莫我敢当……”《抱朴子》中也有古人入山佩带黄神越章以避虎狼的记载。

印章因与主人朝夕相处，故而在主人死后常被用来殉葬，若主人的印章乃官印，通常会刻一枚复制品作为明器随葬。如明代顾从德《集古印谱》收录的“故成平侯私印”等。

印章在我国古代数千年的文明演进中承担了重要的角色，是源远流长的中华文明史的见证，更是中国传统艺术的集大成者。到了今天，印章成为我国宝贵的物质文化遗产，而篆刻艺术则成为我国独特的非物质文化遗产。

“故成平侯私印”

“朱息私印”

“赵衷”

篆

金石篆刻的技法经过数千年漫长的演进和发展，形成了篆法、章法、刀法三大技术体系，任何一方印章的创作都需结合这三方面而成。

印章的制作

金石篆刻的技法经过数千年漫长的演进和发展，形成了篆法、章法、刀法三大技术体系，任何一方印章的创作都需结合这三方面而成。

印章的制作

[壹]印章的形制和类别

1. 白文印、朱文印、朱白间文印

玺印文字或图像有凹下与凸起两种形式，凹下的通称“阴文”，凸起的通称“阳文”，但古代却是就印下的封泥而言，其称呼与此正好相反，因此，篆刻家为避免误会，通常称阴文为“白文”，称阳文为“朱文”（或称“红文”）。有些印章一面之中并有白文、朱文者，则称“朱白间文印”。

朱文印“古桃洲”

朱白间文印“任昌国印”

白文印“桃花书屋”

2. 私印、官印

玺印有官私之分。官印刻官职名称，私印刻私人姓名、字号等。私印也有连官职铸刻的，其性质仍属私印。

◎金石篆刻的技法经过数千年漫长的演进和发展，形成了篆法、章法、刀法三大技术体系，任何一方印章的创作都需结合这三方面而成。

官印“前军都督府都督佥事朱关防”

私印“张九私印”

3．方形印、圆形印、长方形印、椭圆形印及其他形制

官私玺印通常为方形，也有少量圆形、长方形和椭圆形印。圆形印和长方形印在古玺中已有。汉官印也有长方形的，印面大小相当于方形印之半，或称“半通印”或“半印”。此外，有扁方形、上方下圆形、三角形印等，后世又有连珠形、瓢形、葫芦形、秋叶形、钟形、鼎形印等，但都不多见。

圆形印“金”

长方形印“雷□”

长方形印“钱府”

扁方形印“安阳乡印”

上方下圆形印“敬事”

葫芦形印“退密”

葫芦形印“大观”

连珠形印“宣和”

4．铸印、凿印、蟠条印

金属玺印，不论官私，一般是先雕泥范，然后用翻砂法或失蜡法冶铸而成，名为“铸印”。古代印章大多是连印文一起铸成的。非金属玺印如石、玉类不能冶铸，只能凿刻。也有金属玺印先铸成印形然后凿刻印文的，一般称为“凿印”。

唐代官印通用朱文，字画用小铜条盘绕而成，遇有枝笔，用短条焊接上去，称为“蟠条印”，后世很少采用。

凿印“周党”

凿印“扬威将军章”

铸印“营军司马丞”

蟠条印“金山县印”

◎金石篆刻的技法经过数千年漫长的演进和发展，形成了篆法、章法、刀法三大技术体系，任何一方印章的创作都需结合这三方面而成。

5. 名印、字印

名印，或只著姓名，或加“印”字，或加“之印”、“私印”、“印信”等字。以两个字为名的，称“二名”，多采用回文法。三字名印，姓独右，名俱在左。四字名印，“印”字放在姓下，二名仍俱在左，回环读之，以防误看。

字印，亦称“表字印”。汉晋时期字印必连姓，后世则或连或不连，无定法。

名印“河间武恒刘芳字伯行”

名印“司□之玺”

名印“李广汉印”

名印“上官建印”

名印“王博之印”

字印“傅阑”、“字公子”

6. 两面印、多面印、子母印、带钩印

私印有两面刻字的，通常一面刻姓名，另一面或刻字号，或刻“臣某”（男子用）、“妾某”（女子用），或刻吉语、图像，也有的印章一面刻吉语一面刻图像，统称“两面印”。两面印不能有纽，只在中部凿一小孔，以便穿带，所以又称“穿带印”。

印章有六面刻字的，称为“六面印”；也有只刻五面的，名为“五面印”。传世的早期五面印一面只刻一字，五字连读。

大小两印或两印以上套在一起以便携带的，名为“子母印”，亦称“套印”。

铜制带钩，钩身连铸一个印，便于佩带，名为“带钩印”，简称“钩印”。

六面印“刘耽之印”、“刘耽”、“刘耽白笺”、“臣耽”、“刘耽言事”、“刘耽”

◎金石篆刻的技法经过数千年漫长的演进和发展，形成了篆法、章法、刀法三大技术体系，任何一方印章的创作都需结合这三方面而成。

两面印“庠代之印”、“臣代”

套印“张君宪印”、“张捐之印”

两面印“魏会”、肖形印

两面印“行道吉”、肖形印

7. 印纽、印绶

印背高起，有孔可以穿带，名为“纽”。早期玺印纽形制拙朴，只铸成凸起的形状，横穿一孔，后人称为“鼻纽”。后渐趋美观，制作益精，雕成各种动物或器物形状，种类繁多，并有官阶的区别。

印绶，就是印纽上的穿带。秦汉以来，官印印绶的颜色按等级有一定的差别，不得僭越。

印纽（龟纽）

印纽（鼻纽）

印绶

8．边款

边款亦称“侧款”，为刻于印侧的题记。隋唐以来官印四周刻有治印年月、编号及释文等。明代以后篆刻家在印侧或印顶端刻年月、姓名，甚至刻诗和图像等，多为阴文，也有阳文。

边款起源于隋唐，当时工匠只是在一些官印周围刻上治印年月、编号和释文等，称不上艺术，但已是边款艺术的雏形。正是有了这些简短而又草率的原始边款，明清乃至当今流派纷呈、风格各异的边款艺术才得以发展起来。

边款艺术的发展与石质印材的发现、应用有着极其重要的关系。隋唐宋元时期，官印边款之所以文字简短，可能与使用质地坚硬的金、玉等印材有关，也与当时印章仍以实用为目的有关。至明清时，印章发展成了一种艺术品，艺术性也自然而然地形成了。

◎金石篆刻的技法经过数千年漫长的演进和发展，形成了篆法、章法、刀法三大技术体系，任何一方印章的创作都需结合这三方面而成。

钱松“胡震长寿”（连款）

吴熙载“经史自娱”（连款）

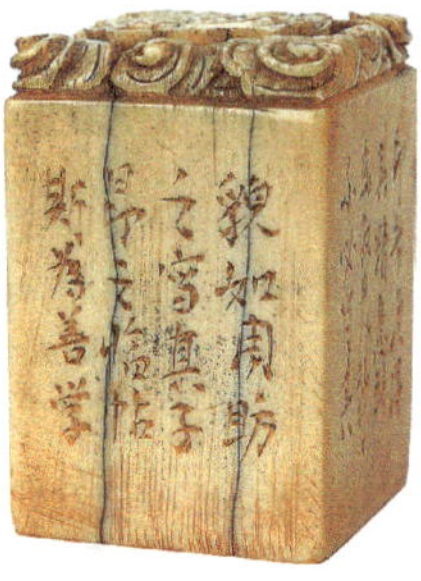

吴先声“幼岚”印章

边款艺术的出现几乎与印章流派的兴起同步。明代的文彭、何震是这方面的杰出代表。邓石如、丁敬之后，篆刻家在边款创作中各显神通，这一时期的边款创作水准之高，堪称空前，并呈现出百花齐放、争奇斗艳的局面，成了边款艺术史上最光彩夺目的一页。

边款在形式上有阳款与阴款之分，在用刀上有单刀、冲刀、切刀及冲切兼用之别，在书体上融真、草、隶、篆于一体，在风格上雄强与婉约并存，在内容上则由作者单纯刻治印年月和署名，发展为或有感而发或叙事、抒情、考辨，涉及面极其广泛，这样，边款就成了一门集书法、绘画及文学、史学于一体的综合艺术。

[贰]篆刻工具

1. 刻刀

篆刻用刀一般为平口刀刃，刀有一定的厚度，刀口的出锋角度以40度至20度为宜。刻刀可以备大小不同的两三把，便于刻大小不同的印章。另外，刀的长度也要适中，过长与过短均不利于

刻刀

◎金石篆刻的技法经过数千年漫长的演进和发展，形成了篆法、章法、刀法三大技术体系，任何一方印章的创作都需结合这三方面而成。

运刀。在刀口尾端可保留四方的硬角，以便最后敲打印面，作残损效果用。为防滑手，需在刀杆上缠裹些线绳，使握刀时手更能着力。斜口刀、圆口刀不能作篆刻刀具。

2．印泥

印泥是篆刻的“墨色”，以杭州、苏州、上海、漳州等地生产的较好。印泥从印色上区别，有朱砂、朱膘印泥，还有深褐色的仿古印泥及其他颜色的印泥。好的印泥必须油迹不外渗，有厚度，有很强的覆盖力。印泥宜放置于瓷质印泥缸中，须常用牙质或塑料的印筋搅拌。

印泥

3．印床

印床有木制、金属制等多种。木制印床用坚木一段，中凿大孔，锯去其上部中间三分之一，使其呈凹状，凹处配置若干厚薄不等的木片。用时以木片将印章轧紧，使不动摇，便于镌刻。印床是

印床

固定印材所用的工具，除了一些特殊情况外，一般篆刻家不使用印床，而是左手按石，右手执刀，这样操作起来顺手而方便。初学者用印床便于动刀，以便按石之手灵活转动，配合受刀。

4．笔墨纸砚

笔一般以五号、六号笔为宜，墨以砚台研墨为好。复印印稿可用薄而吸水的毛边纸等，钤印可用连史纸、薄宣纸。

笔、墨、砚台

◎金石篆刻的技法经过数千年漫长的演进和发展，形成了篆法、章法、刀法三大技术体系，任何一方印章的创作都需结合这三方面而成。

5．棕刷

棕刷即“棕老虎”，为拓边款时使用的工具。

棕刷

6．印规

印规为钤印时定位的工具，类似于木工用角尺，可自制。一般将厚约0.5厘米的坚硬小木片锯成曲尺形，磨光上漆即成。使用时印章紧贴曲尺形内侧二边钤下，可使印不歪斜。

印规

7. 砂纸

砂纸为打磨印石时使用。可先将印石在废砂纸、水泥地上磨至基本平整，再用砂纸（可备铁砂、水砂两种不同粗细的）仔细打磨至细洁光滑。

8. 印筋

印筋作搅拌印泥用，可用牙、骨制品，也可用旧塑料牙刷柄，不可用金属的。

砂纸

印泥与印筋

9. 印刷

印刷可用旧牙刷、旧油画笔代替，钤印前用以刷清石章底部残剩的石屑。

◎金石篆刻的技法经过数千年漫长的演进和发展，形成了篆法、章法、刀法三大技术体系，任何一方印章的创作都需结合这三方面而成。

10．拓包

拓包为拓边款时使用的工具。将一团棉花外包呢绒，裹上纺绸，扎成圆形即可。

拓包

11．印材

印材即镌刻印章用的材料，有金属、水晶、玉、兽角、象牙、竹、木、石和化学制品等。石章主要有昌化、青田、寿山等种类，质量因地而异，但一般都松脆爽利，容易镌刻。昌化石因产于浙江昌化而得名，有红、黄、褐等色，以灰白色居多，是常用的治印材

水坑桃花冻

高山冻

结晶性黄汶洋

田黄

料。其中质地略为透明，状如熟藕粉者，名“昌化冻”；石身有鲜红斑块，状如凝结之鸡血者，一般含有杂质，名“鸡血石”。有大量红色斑块而石质纯净的鸡血石极其名贵，为印材中之上品。青田石产于浙江青田，色彩丰富，以青色居多，是制作印章及工艺品的常用材料，色青质莹的“白果冻”及“兰花冻”较为名贵，是印材中之上品。寿山石产于福建寿山，色彩丰富，是制作印章及工艺品的常用材料，石质晶莹如羊脂者称“白芙蓉”，晶莹而带黄色者称“田黄”，遍体呈萝卜纹者尤为珍贵，是印材中之上品。

[叁]篆刻技法

金石篆刻的技法经过数千年漫长的演进和发展，形成了篆法、章法、刀法三大技术体系，任何一方印章的创作都需结合这三方面而成。

1. 篆法

篆法是对刻印文字的间架结构和笔法的规律的安排，如掌握篆字的方正平稳、笔画匀称、上覆下承、左顾右盼、收放结合。字的结构有方、圆、长、欹、正、分、合、穿、插等变化，有收尾、曲直、逆顺、疾徐、粗细、转折等不同。字的变化不能强行为之而使人感觉怪异。

2. 章法

章法是字体的配合，贵在气、势、情、韵，在于字画的分朱

◎金石篆刻的技法经过数千年漫长的演进和发展，形成了篆法、章法、刀法三大技术体系，任何一方印章的创作都需结合这三方面而成。

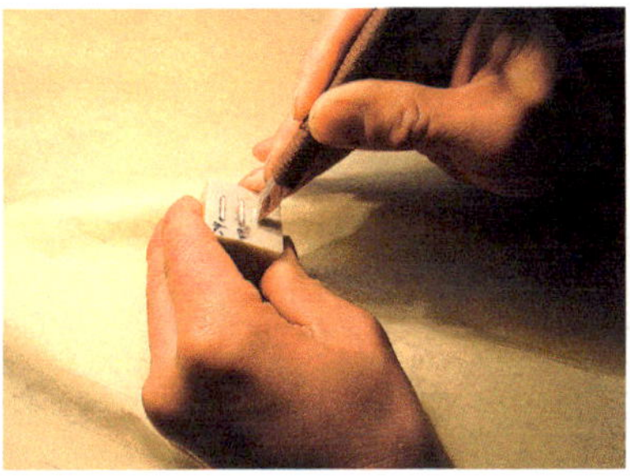
切刀

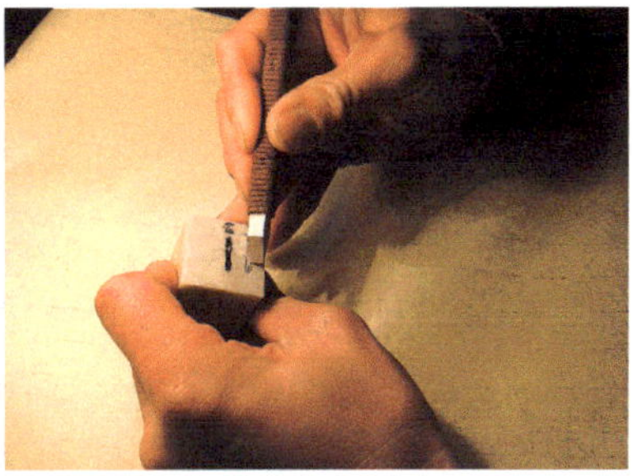
冲刀

布白，在统一文字体势的基础上求变化。做到平稳均衡、减增合宜、伸缩自如、主客相亲、参差有致、变化中求统一，须疏密相间、轻重调节、欹正合度、朱白相济、方圆相参、挪移礼让、聚散开合、巧拙适宜、刚柔并济、险夷结合、虚实相生，章法依印面形状而定，讲究在边格上做处理等。

3. 刀法

刀法指镌刻印章时操刀的技法，是使篆刻取得较高艺术水平的一种重要手段。由于刻者的艺术观和刻刀大小、厚薄、利钝，以及运刀的方向、角度、快慢不同而形成各种刀法，前人有“用刀十三法”之说。主要可归纳为切刀与冲刀两大类。

切刀：运刀由右向左，由外向内，先将刀锋切入石内，使刀杆顺笔画方向摆动，一起一伏地切刻前进，如人在沼泽地行走，一步步拔腿向前挪动，这样切刻出来的线条留有逐步移动的痕迹，显得沉稳泼辣。典型的例子就是“西泠八家”丁敬等人的朱文印。

冲刀：运刀由右向左，由外向内，或者向身体反方向冲去。

刀锋入石后，掌握一定的深浅度，力量要匀，运刀速度略快而又能把握住，即虽然是一刀顺势冲去，但到该停处就停住，不会冲出刀外而划破手指。这是个基本功，就如驱马奔跑，然到悬崖处，缰绳一勒就能戛然而止。典型的例子要数齐白石的“中国长沙湘潭人也”白文印，内含一股冲劲。

切刀与冲刀有时也可结合运用，即冲中有切，切中有冲。

篆刻笔画一般总是用两刀完成，朱文自不必说，白文也是如此。篆刻不似书法，如一刀刻了之后感到不太理想，可以复刻一刀。运刀妙在刀锋，但刀面也有作用。在运刀时应有以刀作笔的意念。

执刀有两种姿势：一是用执毛笔的方法，大拇指、食指、中指、无名指执刀，小指抵住无名指，刀口向右，刀杆倾斜，运刀必须是向左推进。二是像握拳一样五指握刀，大拇指在外面，运刀是由外向内冲切。第一种执刀法较灵便，适宜小、中印及工细风格的印；第二种执刀法力量较强，但不太灵便，适宜大印及粗犷风格的印。

4．刻款

先将印章要刻的一面用墨涂一遍，便于看清用刀的效果。如刻一面边款，应当是刻在印面的右边，盖印时其款就在左边，这样只要根据边款方向即可避免印章位置盖颠倒。

◎金石篆刻的技法经过数千年漫长的演进和发展，形成了篆法、章法、刀法三大技术体系，任何一方印章的创作都需结合这三方面而成。

具体刻法：用刀角切刻下去，点以刀锋侧势切刻，横以刀锋由右向左下行刀，下刀时略重，竖下刀时亦略重，转折一般单刀刻，转折处分两刀完成，有时看起来像一刀。

边款的创作应注意两点：一是文字可记事、记时、记兴，也可抒发艺术体会与见解，但文句要清雅有味；二是边款的章法与形式要考虑与印面搭配的效果，相得益彰。

5．拓款

先将印款面擦干净，然后用毛笔蘸水涂石面使其微湿，水中也可以加少许浆糊，再将连史纸（或薄而匀的宣纸）蒙在石上，正面朝上，这样纸贴石面部分全湿。之后将拷贝纸覆盖在连史纸上，用棕刷在拷贝纸上刷。开始要轻一些，不能令纸湿透。换纸覆在上面按擦，使连史纸完全陷进边款字口内，锋芒清楚。然后用拓包上墨，其墨必须是新磨的墨或新鲜的墨汁，不能用宿墨。拓包要少蘸墨，受墨须平均，可先在纸上试一试（墨不可太浓），然后在纸上快速拍打（不能平拖），使墨色逐步加深。墨色浓厚发光的称“乌金拓”，淡墨浅浅地匀拓的称“蝉翼拓”，但都以字口清晰为要点。拓好后等墨干即可将连史纸揭下，拓款就完成了。

6．钤印

先以刷子除净粉屑，然后在印面上蘸匀印泥，盖在纸上。钤印时下面垫纸厚薄宜适当，用力须均匀，以免失真。

篆

明清印学一脉从文彭开始，经由何震、程邃、丁敬等人的传承和创变，不断开枝散叶，衍生出风格面目极其丰富的篆刻流派。

篆刻流派与特征

明清印学一脉从文彭开始，经由何震、程邃、丁敬等人的传承和创变，不断开枝散叶，衍生出风格面目极其丰富的篆刻流派。

篆刻流派与特征

[壹]篆刻艺术的主要流派

唐宋以后，随着鉴藏印、斋馆印、吉语印等闲章的使用日趋广泛，印章逐渐突破了原有的信用凭据功能，被文人墨客当做文学、书画之外又一抒情表意的艺术载体。到了元代后期和明代中期，花乳石、青田冻石等石材先后被引入篆刻创作，其温润细腻、易于受刀的特性，使得原本只能由工匠完成的印章镌刻，连同刻制前的书篆过程，在文人手中得到完美呈现。印章材质的变化，逐渐扩展了篆刻的创作群体。在此之前，由于欧阳修、赵明诚等学者的推动，宋代金石学的勃兴，带动了集古、摹古印谱的出现，人们开始把印章纳入艺术审美的范畴。经过数百年发展，篆刻成为一项体现创作者学识、修养和个性的，充满雅趣的手工劳作，并最终升华为具有创作和审美价值的独特的艺术形式。

篆刻创作群体的扩大和作品数量的增多，一方面推动印章风格在摹古基础上产生了大量的演变和创新，进而出现了印学史上仅次于汉印的又一艺术高峰。另一方面，也造就了一大批精于此道的篆刻名家，他们之间往往有师承授受的关系，或者由于地域

◎明清印学一脉从文彭开始，经由何震、程邃、丁敬等人的传承和创变，不断开枝散叶，衍生出风格面目极其丰富的篆刻流派。

和行谊的接近而在艺术趣味、创作手法和风格特征上表现出某种程度的趋同性，由此形成了篆刻艺术的不同流派。

文彭（1497−1573）是印学史上公认的文人篆刻的一代宗师。明清印学一脉从他开始，经由何震、程邃、丁敬等人的传承和创变，不断开枝散叶，衍生出风格面目极其丰富的篆刻流派，

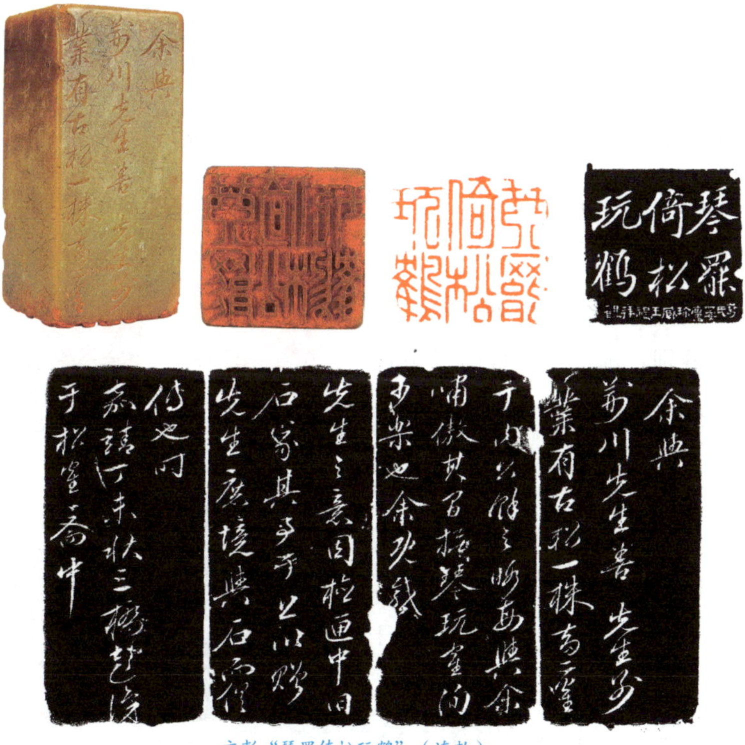

文彭“琴罢倚松玩鹤”（连款）

流风所及，直迄清代中叶，后世有印论家将他比作创立佛教南宗的六祖慧能。他和受他直接影响的一批篆刻家被归为我国印学史上第一个篆刻流派，用文彭的号来命名，称为“三桥派”，又因其籍隶苏州而称为“吴门派”。

文彭之后，治印家可以称宗派的，明清两代主要有皖派、歙派、浙派、邓派、黟山派、吴派、赵派等。根据创立者或代表人物的不同，又有雪渔派（何震）、泗水派（苏宣）、莆田派（宋珏）、娄东派（汪关）、徽派（程邃）等。各流派的命名，或因籍隶，或系以人。由于明清文人篆刻发展的脉络绵延数个世纪，牵涉的篆刻名家人数众多，艺术的传承取鉴又非一时一家所能拘囿，所以关于流派名称和印人归属历来有多种不同说法。对于流派的分别，本章主要采用了邓散木先生《篆刻学》中的说法。

何震“听鹂深处”（连款）

[贰]各篆刻流派的艺术特点

1．皖派

皖派的开创者是文彭的弟子何震，他是婺源人，婺源旧属安徽徽州，以地系名，故世称“皖派”。何震深究古籀，精

◎明清印学一脉从文彭开始，经由何震、程邃、丁敬等人的传承和创变，不断开枝散叶，衍生出风格面目极其丰富的篆刻流派。

研六书，尝谓“六书不精义入神，而能趋刀如笔，吾不信也”。他力主以六书为准则，反对元末以来印家不求篆法、随意杜撰的习气，为篆刻创作文字的规范化奠定了基础。何震的篆刻作品古朴典雅、清新隽逸，浑穆不及文彭而苍劲过之。他对于摹刻汉印用力甚勤，其仿汉白文，刀法猛辣挺劲，刀痕历历可见，功力独到，给人以强烈的艺术感染力。何震曾经游历边塞，“自大将军下，皆以得一印为荣”，盛名远播，被时人推誉为“近代名手，海内第一”。得其传者，有梁袠、苏宣、朱简、汪镐京、江皓臣、程林、金光先、文及先、汪关、汪泓及程原、程朴父子等人，而以梁、苏二人为最。梁袠又传及邓石如，邓石如以圆劲取胜，为邓派开山之祖。

2. 歙派

歙派的开创者是程邃。程邃初宗文彭、何震，后自立门户，善以大小篆、钟鼎款识入印，尤其得力于秦朱文，可惜对于文字六书之义未能精审，篆法时有乖讹。传程氏之学者有巴慰祖、胡唐、汪肇漋，与程邃合称

程邃“竹篱茅舍”印章

“歙四子”。此外，还有黄吕、黄宗绢、唐㷂、程奂轮、程锦波以及江恂、江德量父子，并传程氏薪火。与巴慰祖、胡唐同时的还有董洵、王声，专习秦汉印风，自成一队，时称“董巴胡王”。歙派诸子善以涩刀拟古，风格浑朴高古，对篆刻刀法的创变影响很大。

3．浙派

浙派的开创者是丁敬。丁敬篆刻远承何震，近接程邃，力追古贤而不肯墨守汉家成法，时人称其“兼撷众长，不主一体，故所就弥大”。继其后者，有金农、郑燮、黄易、奚冈、蒋仁、陈鸿寿。除郑燮外，其余均籍隶杭州，与丁敬共称“雍嘉七子”。丁、黄、蒋、奚亦称“西泠四家”；或以丁、黄、蒋、奚及陈鸿寿、陈豫钟合称“西泠六家”；再益以清咸同间之钱松和陈秋堂的弟子赵之琛为“西泠八家”。另还有胡震、张燕昌、杨澥、翁

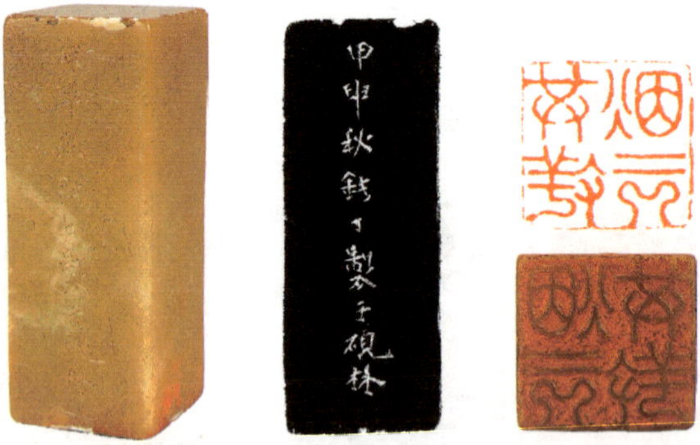

丁敬“烟云供养”（连款）

◎明清印学一脉从文彭开始，经由何震、程邃、丁敬等人的传承和创变，不断开枝散叶，衍生出风格面目极其丰富的篆刻流派。

大年、杨大受、陈祖望等，自黄易、奚冈以下，皆师事丁敬，或为私淑弟子，可见当时浙派印风流传之广。其后又有钟以敬、江尊、杨舆，各传赵之琛衣钵，胡钁能得奚、赵之长，华复传钱松之学，陆泰传杨澥之学等。浙派篆刻善用短刀碎切，于生涩中寓坚挺之意，印面字形与章法布排则多平均方正，浑穆高古而富刚健之气。但浙派流传既广，渐成风习，后世学浙派者神意渐失，流弊滋生，以致有“锯牙燕尾”之讥。

黄易“晚香居士”（连款）

陈豫钟“学善堂印”（连款）

蒋仁“雪峰”

奚冈“白栗山樵”

陈鸿寿“小鸥波馆”

赵之琛“画眉深浅入时无”

钱松“大小二篆生八分”

钱松“横云山民”（连款）

4．邓派

开邓派者为邓琰（字石如）。邓石如书法刚健浑朴，有四体书“国朝第一”之誉。篆刻师承梁袠，而益以己意，不屑于高标秦汉。篆法以圆劲取胜，成就极高，后人称其“书从印入，印从书出”。传其学者，为包世臣、吴熙载、赵之谦、胡澍、周启泰、程荃。吴熙载为包世臣弟子，私淑邓石如，长于朱文而自具面目，治印多达万方，后人有“用刀如笔，已登峰造极”之誉，影响极大。赵之谦篆刻初宗浙派，后私淑邓派，金石学造诣很深，博采秦汉六朝以来镜铭诏版、权量泉币文字及造像入印，拓展了篆刻取资借鉴的范围，其“印外求印”的主张对后世影响很大。赵之谦弟子有钱式、朱志复等，其后又有赵时棡，取赵之谦静穆稳俊的笔意，规摹秦汉，力求平正。易大庵篆刻博参砖甓瓦当文字，尤擅古玺，挺拔古拙，朴野浑穆。传吴熙载之学的有赵

◎明清印学一脉从文彭开始，经由何震、程邃、丁敬等人的传承和创变，不断开枝散叶，衍生出风格面目极其丰富的篆刻流派。

穆，功力稍弱而别具机杼，大书深刻，刀法谨严，兼浙、皖两派之长。介乎吴熙载、赵之谦之间的，又有吴咨、徐三庚。吴有《适园印印》行世，功力至深，但纤丽有余而刚劲不足。徐三庚刻印由浙派入而邓派出，旁参《天发神谶碑》笔意，多用切刀，而篆法上密下疏，线条飘逸妍媚，有吴带当风之致。时人或有讥评，对日本近代篆刻影响很大。

邓石如“江流有声断岸千尺”印章

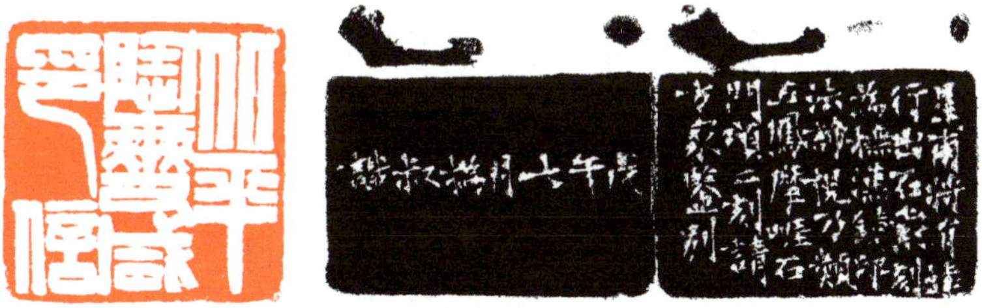

赵之谦“北平陶燮咸印信”（连款）

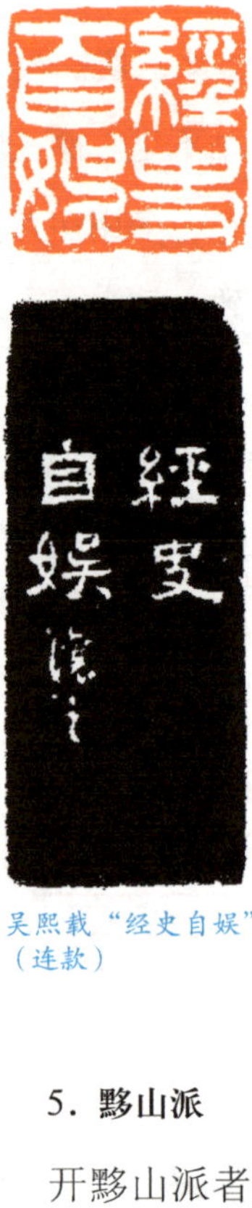

吴熙载“经史自娱”（连款）

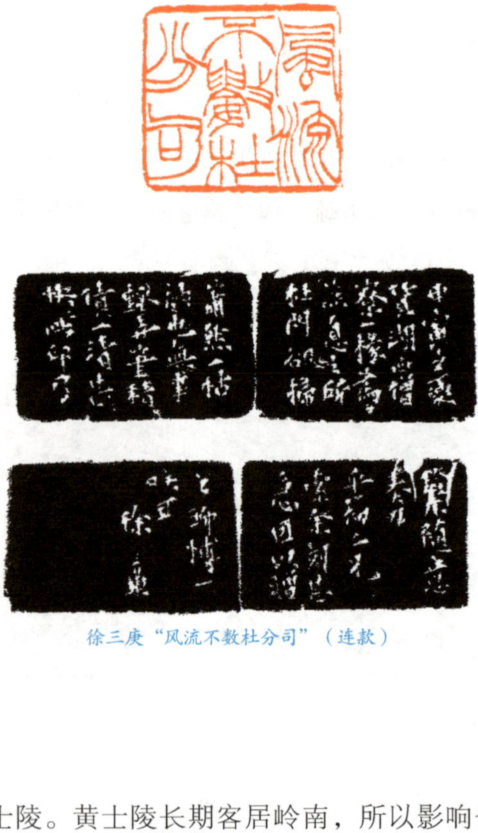

徐三庚“风流不数杜分司”（连款）

5．黟山派

开黟山派者为黄士陵。黄士陵长期客居岭南，所以影响也主要在闽、粤一带。他师承在吴、赵之间，白文多拟赵之谦，朱文则杂取权量诏版泉币文字入印，腕力特强，一时无两。其子少牧，能传其家学。弟子有李尹桑，善守师法而时出新意。惜局促南疆，传播不广。

◎明清印学一脉从文彭开始，经由何震、程邃、丁敬等人的传承和创变，不断开枝散叶，衍生出风格面目极其丰富的篆刻流派。

黄士陵“元常长寿”（连款）

吴昌硕“弃官先彭泽令五十日”（连款）

6. **吴派**

开吴派者为吴昌硕，其篆刻初参丁敬、邓石如，继法吴熙载、赵之谦，后获见齐鲁封泥及汉魏六朝文字，印风遂变而为古拙峭劲，一扫浙、皖流风。刻印喜用钝刃，信手进退，印面融会笔意与画理，大气磅礴，深受时人推崇，盛名远播，及于海外。传吴氏之学者有王个簃、费龙丁等人。

7. **赵派**

赵派创于赵石，受吴昌硕影响颇深而章法精密过之，一印入手，必先篆样别纸，务求布排停匀方肯奏刀，所作平正者揖让雍容，运巧者神奇变幻。早年学吴昌硕，未敢稍越规矩，晚年则与吴昌硕各树一帜，故列为赵派，为明清以降流派印之殿军。

赵石“天下为公”

赵石“何陋室”

[叁]西泠印社金石篆刻的地域文化特征

西泠印社由丁仁、王禔、吴隐、叶铭四位浙派篆刻家发起创建，因社址在杭州西湖西泠桥畔，以地系名，故称“西泠印社”。西泠印社是从浙江深厚的历史文化积淀和学术文化土壤中诞生、发展起来的。谈到西泠印社的金石篆刻，就不能不提及它出现和成长的地域文化背景。

杭州是一座印学史上绕不开的城市，而浙江于篆刻艺术和印学研究也具有重要的地位。早在元代，吴兴赵孟頫、杭州吾丘衍就是当时名家；山阴王冕取花乳石入印，为文人篆刻的出现提供了有利条件。在明末流派印章勃兴之始，杭州即是一处重镇，陆惠、丁良卯都称得上一时名手。清乾嘉时期，钱塘丁敬首开浙派，其后蒋仁、黄易、奚冈、陈豫钟、陈鸿寿、赵之琛、钱松先后继起，称为“西泠八家”，印脉绵延，印人迭现，前后传承约

◎明清印学一脉从文彭开始，经由何震、程邃、丁敬等人的传承和创变，不断开枝散叶，衍生出风格面目极其丰富的篆刻流派。

有五代，时间跨度达一百六十余年，可列为明清篆刻史上流传最广、影响最大的艺术流派，薪火相传，至今犹盛。西泠印社创立前数十年，还有吴熙载、赵之谦、吴昌硕、徐三庚、黄士陵、胡镬等在当时印坛各擅胜场，这“晚清六大家”中名列浙籍的就有四位。

明清时期的杭州不但在篆刻领域名家迭出，伴随着创作繁荣的，还有赏印、藏印、论印、玩印之风的盛行。清乾隆时期久寓杭州的歙县汪启淑，晚清印学家、籍属仁和的魏锡曾，都是印学史上的杰出人物，收藏、考订、辑拓、出版，厥功甚伟。他们拓印辑谱、撰写印学著作和推动篆刻艺术交流的行为，为杭郡印艺的长盛不衰提供了丰厚的滋养，也进一步确立了杭州在印学史上的重要地位。有了篆刻创作和印学研究两方面的推动，经过明清以来数百年发展，玩石赏印、拓印辑谱已与书法、绘画一样成为杭郡文人雅玩的重要内容，融入了杭州士民的文化生活。这些特

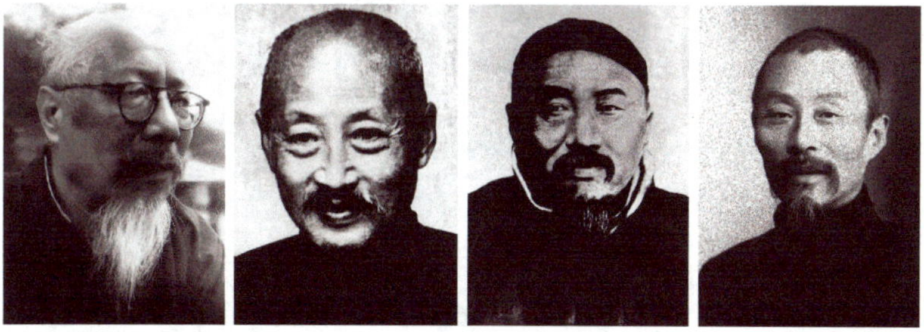

西泠印社创社四英：丁仁、王禔、吴隐、叶铭

征，构成了西泠印社创立之前的地域文化背景。

西泠印社诞生于清光绪甲辰年（1904），时当清末乱世，创社诸子“慨然有感于印学之将湮没也，谋于西泠数峰阁之侧，辟地若干弓，筑茅三两室。风潇雨晦，乐石吉金，唯印是求，即以为社”（胡宗成《西泠印社记》）。虽然地处杭郡、由浙派金石家所发起创建，西泠印社的创立也有上承浙派篆刻“西泠八家”之余绪、兴废继绝、光大印学的初衷，但社团文化理念却非常开放，包容面很广，不拘囿于门派之别，对其他的篆刻流派，

西泠印社首任社长吴昌硕

西泠印社第二任社长马衡

西泠印社第三任社长张宗祥

西泠印社第四任社长沙孟海

◎明清印学一脉从文彭开始，经由何震、程邃、丁敬等人的传承和创变，不断开枝散叶，衍生出风格面目极其丰富的篆刻流派。

对诗词、书画、赏鉴、金石考据等其他艺术和学术门类抱以同样的尊重，对散居四海的金石、书画、鉴定家广为延请，这就使得西泠印社有可能接受多方面的艺术滋养，这种博纳兼容的气度对一个艺术社团的发展是非常有益的。创社百年来，西泠印社在艺术创作、印学研究、印谱辑录出版等方面取得了丰硕的成果，并融诗、书、画、印于一体，成为我国研究金石篆刻历史最悠久、影响最深广的学术团体，有“天下第一名社”之美誉。从创立、发展到现在，西泠印社始终聚集着一批国内金石书画界的顶尖级人物，在海内外享有崇高的声

西泠印社第五任社长赵朴初

西泠印社第六任社长启功

西泠印社创社初期吴隐与丁仁研讨金石

◎明清印学一脉从文彭开始，经由何震、程邃、丁敬等人的传承和创变，不断开枝散叶，衍生出风格面目极其丰富的篆刻流派。

1979年西泠印社七十五周年大庆期间，社员在柏堂内研讨印学

誉。其丰富的艺术创作和学术研究成就、深厚的历史文化内涵，对传承和发展优秀民族文化起到了积极作用。西泠印社的存在远远超越了单纯的民间社团或组织机构的意义，它对浙江文化大省建设和杭州历史文化名城建设都有着重要的作用，对整个区域文化土壤的优化与文化品位的提升都具有深远的影响。

篆

西泠印社的建立，使篆刻创作队伍从个体走向群体，活跃了创作空气，明确了自己的纲领、宗旨、历史使命，在篆刻史的整理和研究上有了基本方向。

金石篆刻活动状况

西泠印社的建立，使篆刻创作队伍从个体走向群体，活跃了创作空气，明确了自己的纲领、宗旨、历史使命，在篆刻史的整理和研究上有了基本方向。

金石篆刻活动状况

[壹]宋元明清的文人篆刻创作

宋代是金石篆刻作为艺术表现形式的萌生阶段。唐宋时期的印章，不仅篆法衰微，而且数量锐减，有“滥于六朝，沦于唐宋”之说。但印章的使用由书画钤印而进入文人圈子，使人们对印章有了新的认识空间和发挥空间，书画的收藏和鉴赏导向，使印章逐渐由实用向欣赏转化。明代张应文在《叙书画印识》中罗列唐宋书画印章达一百四十七枚之多。其中米芾的印章最多，且依照书画的品评等级分别用印，如最上品书画用“审定真迹”、“神品”等，绝品用“米芾之印”、“米芾氏印”等，次品用“米姓清玩之印”等，统有百枚之多，可见其用印之考究。相传米芾自用印多为亲镌，虽受时代局限，却有粗拙浑厚之趣。同时，民间也有在书画上钤印之习，以鉴真伪。因为收藏和鉴赏的需要，使印章的内容和形式有了新的发展，金石篆刻作为艺术表现形式在宋代进入酝酿时期。这一时期虽谈不上篆刻流派，但篆刻流派的产生与书画家将印章应用于书画作品及亲自捉刀的实践密切相关。还有，宋代金石学兴

◎西泠印社的建立，使篆刻创作队伍从个体走向群体，活跃了创作空气，明确了自己的纲领、宗旨、历史使命，在篆刻史的整理和研究上有了基本方向。

起，摹拓古印辑录印谱，引出人们从艺术的角度审视古印美的兴趣，从而为篆刻艺术开启了一片天地。印谱的制作，既为古印的广泛流传寻找到良好的载体，也使人们得以于古印中汲取灵感，可以说，书画钤印和印谱制作催生了金石篆刻艺术。

由古代印章发展为金石篆刻艺术，以元代大德年间为历史转折时期。吾丘衍和赵孟頫是这一时期篆刻艺术理论的奠基人。吾丘衍寓居杭州生花坊，过着隐居教书的生活。他完全以艺术的角度看待篆书，强调“气象”，倡导学古。他的《学古编·三十五举》是我国印学基础理论的第一个启蒙纲领。他提出以“说文”为正宗、印章宗法秦汉的审美观，明清以来的篆刻家都以他的篆刻理论为实践标准。赵孟頫是位多才多艺的人物，艺术成就很高。他比吾丘衍大十四岁，两人却是好友。宋代辑录印谱多为考证古印，到了赵孟頫辑录印谱《印史》，才第一次以篆刻艺术为目的。他的《印史·序》具有划时代的意义。他提出篆刻艺术应以汉魏的质朴为典型，有破有立，切忌“流俗”，这与吾丘衍的《印式》不谋而合。他一面提倡汉魏质朴印风，一面却致力于圆朱文印，用玉箸篆，流利有神，确立了圆朱文印的典型形式。后人虽因审美情趣相异，毁誉参半，但他为文人治圆朱文印先驱的地位不容置疑。他的《印史·序》是篆刻史的开篇，其学术价值可与吾丘衍的《三十五

举》等量齐观。元代著名画家王冕亦善治印，明初刘绩著《霏雪录》称王冕治印“天马一出，万马皆喑”。他以花乳石治印，为篆刻艺术的取材及表现形式提供了另一种可能性，为以后的文人治印以石材为表现形式奠定了物质基础，并在创作实践中为继承汉印优秀传统作出了创造性的贡献，从而确立了他在中国篆刻史上的地位。

明代金石篆刻艺术已在文人中推广、普及、发展并有所创新，逐渐形成不同流派。首先创立“三桥派”的是苏州的文徵明之子文彭，他极力奉举吾丘衍、赵孟頫倡导的恢复汉印质朴之风的旗帜，刻朱文印取法宋元，刻白文印宗师两汉。其印作典雅秀润、格调清新。最能反映其印风的多为其书画作品上的自用印。文彭成为一代印学宗师，得益于他担任全国最高学府——南京国子监博士之职，这样既可接触到朝廷的官吏，又可与中上层文人来往，使篆刻艺术在文人中得以普及。后来他还因篆刻的关系，赖汪道昆的推荐，兼任北京国子监博士，活动范围更大。文彭的印风在当时和明末效法者很多，师法文彭最具声誉的有归昌世、李流芳、陈万言、顾苓、顾听等人，后人将他们合称“三桥派”，习称“吴门派”，影响及皖、浙地区。当时与文彭鼎立的是大篆刻家何震。何震，号雪渔，婺源（旧属安徽徽州）人，与文彭为师友之交。何震的作品非常强调书法意趣，篆法简洁，铁

◎西泠印社的建立，使篆刻创作队伍从个体走向群体，活跃了创作空气，明确了自己的纲领、宗旨、历史使命，在篆刻史的整理和研究上有了基本方向。

笔驰骋，周亮工誉其为“海内第一”。他立足汉印，不断拓展，由姓名印发展为词句印，驱古为今，在文人创作中前所未有，很快称雄于印坛。他曾游历边塞，结交很多将官，据说“自大将军下，皆以得一印为荣”，因此身价十倍，名震东南。文人争相仿效，蔚为风气。何震一生刻印不下五千方，继法者有吴迥、吴良止、胡正言、程原、程朴等，世称“皖派”或“雪渔派”。晚明时期有杰出成就的篆刻家和流派，还有以苏宣为代表的泗水派，其作品苍茫浑古，流传至日本，日本“印圣”高芙蓉赞不绝口；有汉印的忠实继承者汪关，篆刻堂皇淳美，形神兼备；有敢于创新的朱简，篆刻理论独树一帜，篆刻艺术独创一格。事实上，这一时期民间文人篆刻创作不在少数，只是名气不成气候，难以归派。由于文人篆刻队伍不断壮大，篆刻艺术进入创作高峰，人数空前之多，朱简形容说：“无不人人斯籀，字字秦汉，猗欤盛哉。”朱简的朋友韩霖描绘与印人交往时说：“于今人中见其篆

苏宣“作个狂夫得了无”（连款）

刻之技近千人，与之把臂而游，上下其议论近百人。”可见当时社会崇尚篆刻艺术风气之盛，可谓金石篆刻艺术的黄金时代。

清代金石篆刻艺术在沉寂中复苏，并在清中期走向全盛，出现流派纷呈、硕果累累的局面。明万历年间，篆刻艺术将要从黄金时代进入新的发展时期时，国内外动乱频仍，皇朝政权摇摇欲坠。明亡后，战火连年，篆刻艺术处于停滞、沉寂、被摧毁的境地。在清初春寒料峭的印坛上，最有影响的篆刻家当数明代遗民程邃，他的篆刻白文精探汉印法度，苍劲凝重，朱文喜用大篆，力变文彭、何震之风，被后人称为“徽派始祖”。他树起清初印坛第一面旗帜，是清代篆刻艺术继往开来的重要人物。及至清乾嘉年间，以丁敬为代表的“西泠八家”最负盛名，一洗浮滑纤巧之习气，创立了雄健苍古的浙派风格。篆刻家丁敬以“思离群”的创作理念，集秦汉艺术之精华，如明珠般闪耀印坛。孔云白评价说：“当徽派盛行之际，有西泠丁敬突起，乃夺印坛盟主之席，开千五百年印学之奇秘，世称浙派之初祖也。篆刻一道，遂归浙江。”师法者有蒋仁、黄易、奚冈，四人篆刻风格比较接近，但又各有特色，后世称“西泠四家”。继起者有陈豫钟、陈鸿寿、赵之琛、钱松，篆刻效法丁敬，风格崇尚秦汉，刀法阳刚大气。因八人均为杭州人，各具成就，合称“西泠八家”，风靡印坛一个半世纪。篆刻大家邓石如的崛起则使印坛面貌为之一

◎西泠印社的建立，使篆刻创作队伍从个体走向群体，活跃了创作空气，明确了自己的纲领、宗旨、历史使命，在篆刻史的整理和研究上有了基本方向。

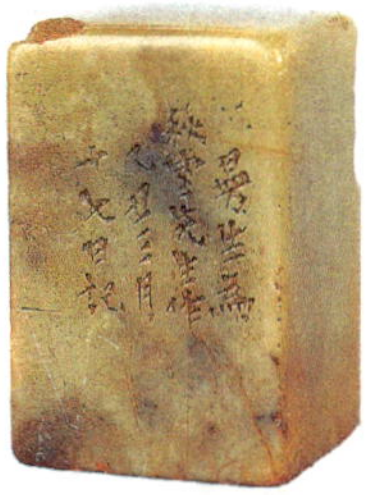

陈鸿寿“浓花淡柳钱唐”印章

新，他把篆书千变万化之态势运用于篆刻，主张以书入印和刀法的流畅，并在印文篆法中掺以汉篆碑额题字，印风别具一格。此后，“晚清六家”、西泠印社的问世，不仅秉承“西泠八家”的创作风貌，更标志着金石篆刻艺术新时代的开始。

[贰]印章收藏与印谱辑录

印章最初的功能是征信，即信用的凭证。唐宋以后，印章的功能逐渐扩大，主要分两大类：一类是起征信作用的，如个人名章、收藏章、鉴赏印，斋、室、馆、堂印，帝后玉玺、符节，文武百官的印信图章，州县衙门的关防印记等；一类是具有欣赏作用的，如吉语印、肖形印、警句格言印、词句印等闲章。从广义上说，这两类印章都有一定的研究价值、欣赏价值和收藏价值。

吴熙载“学然后知不足”印章

印章的收藏可追溯到唐代流行的鉴赏印及宋代以后的金石考据之风，公私

收藏多达六十余家。明代收藏古印风气不减，仅顾从德一家就藏铜、玉印四千余方，编《范氏集古印谱》收印一千七百余方，范汝桐编《集古印谱》收印三千余方。清代收藏印章最盛，陈介祺精于鉴赏，收藏古印逾万，筑有万印楼，编《十钟山房印举》收印一万零二百八十四方。同时期的潘有为、何昆玉、叶志铣、吴大澂等均喜好收藏古印。清末民国初著名藏家余人蔚（绍兴明史专家傅节子之外甥）继承舅父好学之风，喜蓄历代名人印章，收罗富赡，极一时之盛。民国时期收藏“西泠八家”印最多的有丁立诚、胡淦、葛昌楹。葛昌楹与其弟昌枌收藏明清印一千多方。杭州还有陈叔通，收集周秦迄宋元玺印九百余方，以“千印”名斋。黄宾虹除收藏大量字画、铜器、玉器、陶器、端砚、砖瓦外，还收藏铜、玉印八百九十三方。汪承启、高时敷、王禔、丁仁、张鲁庵、巨商胡雪岩之孙胡萼卿等皆为著名古印藏家，藏印成为时尚。张鲁庵藏印最多时达四千余方，1962年他将一千五百二十五方名贵印章捐献给西泠印社。

印章的考订，最初是金石学研究的内容，考古学家从中发现了历史变迁、制度沿革，篆刻学家从中感悟到艺术情趣。虽然印章的收藏与考订最初并不着眼于篆刻，但它的考证结果却让篆刻艺术受益匪浅。

篆刻艺术源于古印，而古印的广泛流传得力于印谱。宋代兴

◎西泠印社的建立，使篆刻创作队伍从个体走向群体，活跃了创作空气，明确了自己的纲领、宗旨、历史使命，在篆刻史的整理和研究上有了基本方向。

各种形制的印章

起印谱制作，著名的有《集古印格》、《宣和印谱》、《啸堂集古印录》、《复斋印谱》等，主要是为了考证“设官分职废置之由”等，但编纂者和阅读者也在遗文旧典之中领略到古印的典雅朴厚。特别是元代赵孟頫的《印史》，已完全从艺术欣赏的角度匡正当时印风流弊，是印谱发展史上的一个创举。吾丘衍的《印式》从艺术着眼看待篆书，提出篆印要以汉印为本。明代印谱数量较多，除继续以古印原拓翻版制作外，还出现摹刻古印，如甘旸用七年时间仿刻古印一千七百多方，收入《集古印正》，程朴用两年时间摹何震印一千余方，收入《忍草堂印选》。各种印谱的共存和刊行，促进了篆刻艺术的繁荣。清代由于出土古玺印增多，收藏者众，印谱的数量也与日俱增，如陈介祺《十钟山房印举》全套一百九十一册，集印一万余方，吴观均《稽古斋印谱》五册，集印两千五百方，程从龙《秦汉印谱》六册，集印一千多方，刘鹗《铁云藏印》集印两千余方。篆刻名家印章也不断结集成谱，如汪启淑《飞鸿堂印谱》四十卷，集名家印四千多方，还有《完白山人篆刻偶存》、《四香堂摹印》、《吴让之印存》、《西泠八家印谱》等，为篆刻艺术的发展创造了有利的条件。民国时期，印刷业的发达，使印谱制作的数量猛增，仅公开刊行者即达

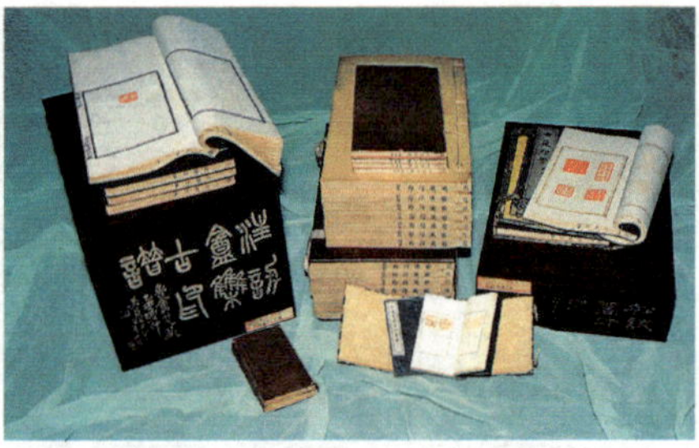

西泠印社藏明清印谱

西泠印社藏明清流派印章

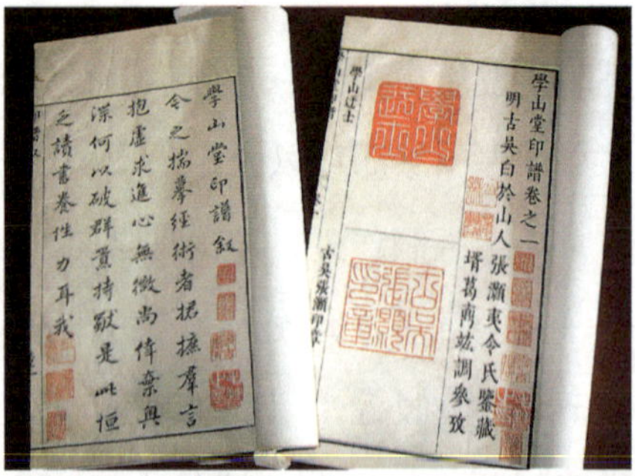

西泠印社藏《学山堂印谱》

◎西泠印社的建立，使篆刻创作队伍从个体走向群体，活跃了创作空气，明确了自己的纲领、宗旨、历史使命，在篆刻史的整理和研究上有了基本方向。

望云草堂主人张鲁庵

二百五十种左右。印谱大量出版发行，对促进篆刻艺术的研究、交流、普及和提高产生了极大作用。同时，印谱成为嗜古者、鉴赏家的收藏热点，篆刻名家张鲁庵收藏历代印谱多达四百余家、四百三十三部，近两千册，时称“海内第一家”。后张鲁庵将印谱连同其收藏印章一起捐献给西泠印社，这份珍贵的历史文化遗

产成为后学者研究、学习、欣赏篆刻艺术的宝贵资料。

[叁]近现代篆刻创作研究与印学社团

近代篆刻创作在篆刻艺术高度成熟的基础上进入了艺术创新时期，繁花似锦。晚清印家蓄意创变，不趋时尚，追慕秦汉，创作上个人表现意识强盛，吴熙载、徐三庚、赵之谦、黄士陵、吴昌硕、胡钁等“晚清六家”运刀迅疾、圆转流畅、舒卷自如，开一代印坛新风，余脉延及现代印坛。黄士陵开宗立派，他吸取邓石如的峻拔奇纵，陈鸿寿的英迈爽利，吴熙载的稳健自然，取精用宏，坚持自创，形成清刚挺拔、光洁妍美、寓险于平的篆刻风格，并传授于岭南，生根开花，追随者有李尹桑、乔曾劬、邓尔雅、罗叔重、冯康侯、陈语山等，其中邓尔雅、罗叔重、冯康侯、陈语山后来成为“香港四老”，被誉为香港篆刻艺术的开拓者。吴昌硕诗、书、画、印无一不精，其篆刻艺术凸显石鼓文神韵，并参用金文、陶文、封泥、汉碑等文风，熔铸一炉，创造了浑穆苍劲的新风格，把浙派篆刻艺术推向了一个崭新阶段，以绝对优势称雄印坛。受其影响，上海、浙江、江苏、江西等地的篆刻艺术人才不断涌现，如徐新周、赵石、陈师曾、李苦李、陈半丁、钱瘦铁、沙孟海、王个簃、邓散木等，桃李天下，驰骋印坛。赵时棡在近代印坛也很有声望，他广取赵之谦、邓石如、黄士陵等人的艺术精髓，治印宗汉，精严超逸。他的圆朱文印取法

◎西泠印社的建立，使篆刻创作队伍从个体走向群体，活跃了创作空气，明确了自己的纲领、宗旨、历史使命，在篆刻史的整理和研究上有了基本方向。

赵之琛“自怜无旧业不敢耻微官”

徐三庚“桃花书屋”印章

徐三庚“禹寸陶分”

明代汪关，自有风貌。其弟子陈巨来、陶寿伯（后师张大千）、叶潞渊、方介堪、沙孟海（后师吴昌硕）、张鲁庵、方节庵等铁笔纵横，彪炳印坛。“三百石印富翁”齐白石，以始学丁敬、黄易，后学赵之谦的坚实功底，敢于变法。“十载关门始变革”，形成前所未有的崭新面目。他的篆刻常用单刀切石，大刀阔斧，“世间事贵痛快，何况篆刻”，印风如烈马奔腾、江河跌宕，一扫陈规旧律，开创了近现代篆刻艺术的新篇章。王褆、唐醉石、韩登安等在继承浙派的同时，创作理念与时俱进，善于借鉴和创新，走出了一条自己的艺术之路，在中国印坛稳居领军地位。这一时期篆刻流派还有宋珏的闽派（又称“莆田派”）、邓云霄的岭南派、上海的云间派等，印人蔚起，各有继承，群星灿烂，硕果累累。

徐三庚、赵之谦、吴昌硕等对日

本近代篆刻艺术也有很大影响，河井荃庐正是从他们的篆刻艺术中汲取精华，潜心钻研，成为日本印坛自“印圣”高芙蓉之后的第二座高峰。他曾多次出游中国，到西泠印社拜访创始人，交流篆艺，评论印学，日本篆刻家同中国篆刻家之间的学术交流从这时开始。在与西泠印社首任社长吴昌硕亦师亦友的交往中，河井荃庐加入西泠印社，成为两国篆刻艺术交流的使者，奠定了他在西泠印社对外交流史上的重要地位。

陈巨来“珠溪”（连款）

近代中期印坛创作的另一个特点是高层知识分子加入篆刻队伍，易大厂、寿石工、扬仲子、马一浮、闻一多、李叔同、经亨颐、童大年、谈月色、宁斧成、张大千等在这方面各有成就。他们饱学多才，学深通艺，把各自于哲学、佛学、文学艺术方面的修养灌注到篆刻创作中来，且尝试以钟鼎文、甲骨文入印，丰富篆刻的创作形式，既追求传统的审美情趣，又力倡

方介堪印作

◎西泠印社的建立，使篆刻创作队伍从个体走向群体，活跃了创作空气，明确了自己的纲领、宗旨、历史使命，在篆刻史的整理和研究上有了基本方向。

篆法的变革理念，使篆刻艺术别开生面，从而不断开拓印章的内涵，达到篆刻艺术形式美和意境美的统一，不仅开启了印外求印的广阔前景，而且也丰富了篆刻艺术的理论宝库。

近代印学理论研究已经趋向学科化。在此之前，大多数印论仅散见于印款、印跋、印谱序、印话中，但言简意赅，深中肯綮，这是系统归纳、提炼印学理论的基石。近代中期，篆刻名家开门纳徒和各地艺术学校的建立更有利于理论框架的形成和传播，如赵时棡专事书画篆刻艺术后，收徒授课，仅《门弟名录》就见六十人，这种名家授徒和进校学习的教育方式不仅培养出有成就的篆刻家，也为后来系统地总结印学理论培养了人才。随着《治印杂说》、《篆法须知》、《篆学琐著》、《印学今义》、《篆刻入门》、《印学概论》、《古印概论》等一批印论专著的出版问世，篆刻艺术学雏形初现。沙孟海1930年发表的《印学概论》，划分了篆刻的创制时期、游艺时期，科学地界定了篆刻的历史阶段，并以鲜明的观点评析不同时期的篆刻流派，初步理顺了发展脉络。黄宾虹同年发表的《古印概论》，从“文字蜕变之大因”、“名称施用之实证”、“形质制作之大异”、“谱录传世之提要”、“考证经史之阙误”、“篆刻名家之法古”等六个部分系统地列叙古印的渊源及古印与篆刻艺术的关系。邓散木在上海讲授篆刻，初以《课徒稿》称，后几经修改补充，定名《篆刻学》，从“述篆”、“述印”、“别派”、“款识”、“篆法”、“章法”、“刀法”、“杂识”等方面完整、具体地介绍篆刻知识。孔云白的《篆刻入门》分“识印”、“别篆”、“篆印”、“用刀”、“击边”、“具款”、“名家法刻”、“古人印论”及“用具”、“印质”、“印纽”等章节，是初学者的入门书。这些著作，被后人视为篆刻理论趋向学科化的代表作。印学论著的出版，促进了篆刻艺术的交流，扩大了篆刻艺术的欣赏群体，推动着印学研究的不断深入。

清光绪年间，社会动荡，世风日下，篆刻艺术良莠混杂，一些作品委靡不振，毫无生气，虚饰、纤巧相习成风，偏离初期诸家法度。曾经在印坛风靡一时的浙派、皖派面目全非，衰败不堪。为继承篆刻艺术之精华，中国第一个篆刻艺术组织西泠印社横空出世。西泠印社的建立，使篆刻创作从个体走向群体，活跃了创作空气，明确了自己的纲领、宗旨、历史使命，在篆刻史的整理和研究上有了基本方向。篆刻艺术界视浙派为正宗，“治印必宗秦汉”，兼蓄包容其他流派。西泠印社开结社之先声，打破了印坛沉寂、停滞的局面，印人结社之风大开，东池印社、乐石社、中国印学社、龙渊印社、宣和印社、濠上印学社、冰社、圆台印社、三余印学社、天南金石社、巴社等相继在各地成立，共同把篆刻艺术推向一个新的发展阶段。近代后期，由于受国内局势的影响，除西泠印社还有零

◎西泠印社的建立，使篆刻创作队伍从个体走向群体，活跃了创作空气，明确了自己的纲领、宗旨、历史使命，在篆刻史的整理和研究上有了基本方向。

西泠印社创社初期社员留影

星活动外，其他社团组织难以生存，篆刻艺术创作陷入低迷状态。

[肆]现当代篆刻创作及重要展赛

现当代篆刻艺术的兴盛，以西泠印社为突出代表。在曲折坎坷的年代，西泠印社虽然坚持独立前行，但篆刻创作拘谨、彷徨。20世纪70年代末，篆刻艺术迎来了春天，艺术禁锢的坚冰融化了。西泠印社率先从僵化的创作模式中解放出来，篆刻培训、展览活动比较活跃，并从专业层面逐渐扩大到社会普及层面。在不断提高艺术创作水准的同时，还自觉承担起传承与

西泠印社举办中日书法学术交流会

光大印学的重任。在西泠印社的带动和影响下，全国篆刻创作呈现勃勃生机。这一时期，全国各地的篆刻社团如雨后春笋，覆盖面极大，据不完全统计，到1993年增至二百五十四个。全国性的篆刻展览接连不断，仅从1988年至1993年的五年间就有六十四次，地区性展览三百二十五次，国际性展览五十次，篆刻队伍人员数量和篆刻艺术的普及范围可谓空前。西泠印社自1987年举办首次全国篆刻作品评展，1989年举办全国印社篆刻联展，1998年举办首届国际篆刻书法作品大展，2001年举办首届国际青少年篆刻书画大奖赛，2005年举办“中国印”大展，2007年举办“百年西泠·中国印”大型海选等，现已举办十一种不同类型的展赛，收到来自全国二十八个省、市、自治区及

◎西泠印社的建立，使篆刻创作队伍从个体走向群体，活跃了创作空气，明确了自己的纲领、宗旨、历史使命，在篆刻史的整理和研究上有了基本方向。

西泠印社第二届国际篆刻书法作品大展开幕式

港、澳、台地区和日本、韩国、新加坡、马来西亚、法国、美国等国家的来稿四万余件，并增设篆书创作、边款创作、印纽创作、论印诗文创作等四个单项，不断提升篆刻艺术内涵。还先后组织以迎接香港、澳门回归祖国为主题的西泠印社社员百印展，并在深圳、澳门等地巡回展览。经过二十年的总结和提高，西泠印社大型篆刻展赛已形成具有广泛影响力、号召力和权威性的专业赛事品牌，发掘和培养了一批艺术新人，对当代篆刻艺术创作的繁荣发展具有相当大的推动作用。

篆

他们往往自守于『与古为徒』的象牙之塔，置时风于度外。他们所守望的宁静致远、波澜不兴的审美理想，在今天仍然拥有广泛的知音。

传承代表人物

他们往往自守于『与古为徒』的象牙之塔，置时风于度外。他们所守望的宁静致远、波澜不兴的审美理想，在今天仍然拥有广泛的知音。

传承代表人物

[壹]元代印人

赵孟頫（1254—1322）

元书画篆刻家。字子昂，号松雪道人、水精宫道人等，湖州（今属浙江）人，宋宗室。入元官刑部主事，累官至翰林学士承旨，封魏国公，谥文敏。山水师法董源、李成，人物、鞍马取法李公麟与唐人，墨竹、花鸟皆以笔墨圆润苍秀著称。精书法，诸体皆工，亦善作铁线篆，用印多亲自配篆，由印工手镌，风格和婉雅致，饶有书卷气，与吾丘衍风格相近，世称“吾赵”，所创印格世称“圆朱文”，亦称“元朱文”。著《印史》，为中国较早行世之印谱，系从《宝章集古》二编摹印三百四十枚而成。亦长于诗文，著有《松雪斋文集》。

（传）赵孟頫“松雪斋”

吾丘衍（1272—1311）

元印学家。一作吾衍，字子行，号贞白，

（传）吾丘衍“布衣道士”

又号竹房、竹素，别署贞白处士，龙游（今属浙江）人，居杭州。工篆刻，与赵孟𫖯齐名，世称“吾赵”。夏溥称其“变宋末钟鼎图书之谬。寸印古篆，实自先生倡之，直第一手，赵吴兴（孟𫖯）又晚效先生耳”（《学古编·序》）。著有《学古编》、《印式》等。《学古编·三十五举》是中国最早的一部研究印学理论的著作。

王冕（1287–1359）

元画家、篆刻家、诗人。字元章，号竹堂，别号饭牛翁、煮石山农、会稽外史、梅花屋主，诸暨（今属浙江）人。农家子，少好学，于放牛之余以花汁作画，入晚就佛寺灯下攻读。试进士不第，改读兵书。工诗，善画墨梅，学杨无咎，多作繁枝密花、万蕊千花，笔法劲健，自创一格。曾游大都（今北京），泰不华荐以翰林院职，不就，归隐九里山，卖画为生。兼能刻印，相传用花乳石作印材，为文人以叶蜡石类刻印之首创。著有《竹斋诗集》。

王冕“会稽佳山水”

[贰]明代印人

朱珪（生卒年不详）

元末明初书法家、印学家。字伯盛，号静寄居士，昆山（今属江苏）人。曾从吴睿习书法，工篆籀，精六书。擅长篆刻和刻碑，得张羽赞赏，赠其名“方寸铁”。辑有《印文集考》。

文彭像

文彭（1497–1573）

明篆刻书画家。字寿承，号三桥等，长洲（今江苏苏州）人，文徵明长子。授秀水训导，先后官南京、北京国子监博士，有“两京国博”之称。继承家学，工诗，善书画。究心六书，篆刻负盛誉，与何震并称“文何”。始刻多象牙章，自书篆，由金陵李文甫镌刻。后自篆自刻，遂开风气。为明代流派印章开山鼻祖。刻印流传极罕。

文彭“七十二峰深处”（连款）

何震（约1530–1606）

明篆刻家。字主臣，又字长卿，号雪渔，婺源（今属江西）人，久居

◎他们往往自守于"与古为徒"的象牙之塔，置时风于度外。他们所守望的宁静致远、波澜不兴的审美理想，在今天仍然拥有广泛的知音。

何震"柴门深处"（连款）

苏宣"深得酒仙三昧"（连款）

南京。与文彭交，谊近师友。精于篆刻，曾云："六书不能精义入神，而能驱刀如笔，吾不信也。"故刻印无误笔。所作能"法古而不泥古"，章法端严匀整，气势恢弘，刀法挺峻清健，篆刻风貌为之一新。又首创单刀刻款法，生辣苍劲，为后世丁敬取法。周亮工论何震刻印云："继文国博起，而印章一道，遂归黄山。"与文彭合称"文何"，推为印坛开山人物，并为皖派（亦称"雪渔派"）创始人。兼能画墨竹。著有《续学古编》。又以自刻印成《何雪渔印选》，开印人以自刻印辑录成谱之先河。

苏宣（1553—1626后）

明篆刻家。字尔宣，一字啸民，号泗水，歙县（今属安徽）人，苏汇子。幼承庭训，好读书、击剑，喜任侠。曾馆文彭家，因而

与何震同得篆刻真传。后于上海顾从德和嘉兴项元汴处得纵览秦汉玺印、古碑残碣，印艺益进，负誉海内。所到之处，请教奇字者不绝。与文彭、何震有鼎足之称。印风以雄伟见长，宗之者有陈彦明、何不违、姚叔仪、顾奇云等，后人称为“泗水派”。

甘旸（生卒年不详）

明篆刻家。字旭甫，号寅东，江宁（治今江苏南京）人，隐居鸡笼山。嗜秦汉印，善治铜、玉印章，白文用刀猛利，朱文圆润遒劲。深慨通行之《顾氏印薮》，木刻翻印，失真殊甚，因悉心临摹，成《集古印正》，于万历二十四年（1596）刊行，用力甚勤。其书后自云：“旸癖古印久矣，摹拟间有不得者，虽废寝食，期必得之。”又著《印章集说》，对印坛有很大影响。

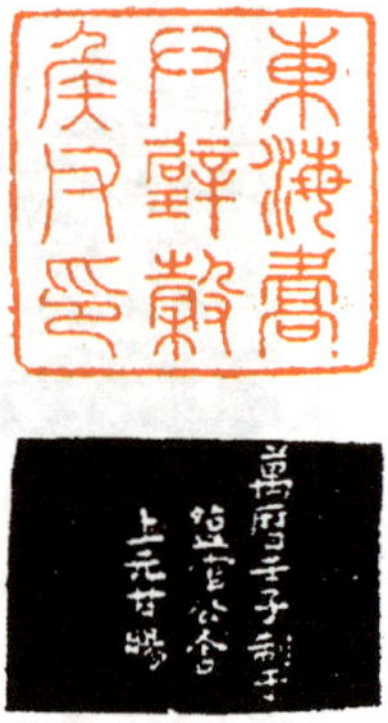

甘旸“东海乔拱璧谷侯父印”（连款）

金光先（生卒年不详）

明篆刻家。字一甫，休宁（今属安徽）人。究心篆刻之学。初师何震，得其传；后专攻汉印，得其神韵。对刀法、字法、章法均有论述。所作得秦汉遗意，

金光先“淳于德”

兼有文彭、何震之长而无其败。有《金一甫印选》，另撰有《印章论》。

沈野（生卒年不详）

明篆刻家。字从先，吴县（治今江苏苏州）人。自云：“予昔居斜塘一载，此中野桥流水，阴阳寒暑，多有会心处。铅椠之暇，唯以印章自娱。每作一印，不即动手，以章法、字法往复踌躇，至眉睫间隐隐见之宛然一古印，然后乘兴下刀，庶几少有得意。”论印首重学养，曾云：“印虽小技，须是静坐读书。凡百技术，未有不静坐读书而能入室者。”著有《印谈》，自谓“大都类严子羽评诗，因中多有所讥托，付之丙丁”。又工诗，著有《卧雪集》、《闭门集》、《榕城集》等。

沈野“时看辟谷方”

程远（生卒年不详）

明书法篆刻家。字彦明，江苏无锡人。篆书、刻印兼擅并美。曾客嘉兴宛委堂项氏，摹刻其遗藏古印。又另摹诸家所藏秦汉印及明代著名篆刻家印作，于万历三十年（1602）汇摹印成《古今印则》，附《印旨》一卷，对刻印有所论述，对当时印学发展起到一定的推动作用，由宛委堂梓行，称

程远“承清馆”

“项氏宛委堂本”。

朱简（生卒年不详）

朱简“米万钟印”

明篆刻家。初名闻，字修能，一字畸臣，休宁（今属安徽）人。从陈继儒游，得见各家所藏大量古印、原钤真谱，精心赏析，篆艺大进。于万历三十九年（1611）成《印品》，后又著《印章要论》，谈印学理论，多有卓识。当时印学界认为“先秦时代未尝有印”，他称朱文小玺为“先秦以上印”、“三代印”，最早指出这批印不是秦印，创见卓识，颇受重视。又有《菌阁藏印》，成书于天启五年（1625），名为“藏印”，实则全是他自己创作。全谱面目多样，自战国直到元、明，各种体裁灵活运用，涉笔成趣，古所未之见。尤多用碎刀，笔笔钝拙而不光整，为其创体。清篆刻名手董洵称“其印有超出古人者，真有明第一手”。魏锡曾也说：“修能用凡夫（赵宧光）草篆法，笔画起讫多作牵丝，从来所无。”又说：“修能碎刀为钝丁（丁敬）滥觞。”对后来如巴慰祖之刀法不无影响，对西泠印派之兴起更有启发。辑有《印经》、《修能印谱》、《印书》，其中《印书》为中国第一部汇集缪篆的工具书。

归昌世（1573—1645）

明篆刻家。字文休，又字道玄，号假庵，昆山（今属江苏）

◎他们往往自守于“与古为徒”的象牙之塔，置时风于度外。他们所守望的宁静致远、波澜不兴的审美理想，在今天仍然拥有广泛的知音。

归昌世像

归昌世“负雅志于高云”（连款）

李流芳“山泽之臞”

人，归有光之孙。十岁能诗歌，稍长有声词苑，与李流芳、王志坚称“三才子”。屡困科场，遂弃举业，发愤为古文词。中年有志于诗，为程嘉燧称赏。善草书，精画墨竹，兼工印篆，与太仓学山堂主人张灏友善。所作多收于张灏辑《承清馆印谱》、《学山堂印谱》，注云：“此余社兄也。其于篆刻，与文三桥、王梧林两先生夙称鼎足。”明亡后隐居不仕。有自订诗十卷、杂文百篇。

李流芳（1575–1629）

明书画篆刻家。字茂宰，又字长衡，号泡庵，又号檀园，别号慎娱居士，嘉定（今属上海）人。万历三十四年（1606）举人，与同科钱谦益同负文名。善文章诗词，清隽自然。善画山水，学吴镇、黄公望，笔致淡雅，隽永高远。并长花卉。工书法、篆刻。性高洁，与唐时升、娄坚、程嘉燧合称“嘉定四先生”。晚年寄情山水，托意书画，旅途舟次，每以丹青自

娱。爱杭州西湖山水，与闻子将、邹孟阳、严印持、僧忍公、无敕相往来，作《西湖卧游图》二十幅，题词风雅。与汪关交善，曾为汪关所著《宝印斋印式》题识。所作印与汪关差可仿佛。著有《檀园集》。清康熙中丁文衡辑其西湖题画文字，别为《西湖卧游图题跋》单行传世。

宋珏（1576—1632）

明篆刻家。一名瑴，字比玉，自号荔枝仙，莆田（今属福建）人，流寓金陵。国子监生。工诗，善书画及篆刻。世传他以“八分书”入印，后人称为“莆田派”。海宁周春论印诗云：“闻说莆田宋比玉，创将汉隶入图书。”然考其存世印作，未见以汉隶（八分）入印者。善画，山水出入“二米”及吴镇、黄公望，兼善画松，亦秀绝。所临李公麟《辋川图》长卷，不设色，山石纵笔作褶带皴，不拘于法，能脱尽画史习气，自是士人高致。

宋珏“宋珏之印”、“字比玉”（两面印）

梁袠（？—1644）

明篆刻家。字千秋，广陵（今江苏扬州）人，久寓南京。篆刻得何震传授，所作精神逼似何氏，印章布局和入印内容亦趋多样，饶有慧心。清代邓石如对其颇倾心。而周亮工则颇多微词，如云：“至千秋则

◎他们往往自守于“与古为徒”的象牙之塔，置时风于度外。他们所守望的宁静致远、波澜不兴的审美理想，在今天仍然拥有广泛的知音。

梁袠“兰生而芳”（连款）

汪关“子孙非我有委蜕而已矣”（连款）

无语不可入矣。吾未见秦汉之章，有此叠叠也。欲追踪古人，而不先除其鄙恶，望而知为近今矣。”又云：“予存千秋印，皆在其谱外，凡拟议何氏者尽乙之，故所存无多。”著有《印隽》，成书于万历三十八年（1610）。

汪关（生卒年不详）

明篆刻家。初名东阳，字杲叔，后得汉代“汪关”铜印，遂更名关，并改字尹子，歙县（今属安徽）人，寄居娄东（今江苏太仓）。时休宁程嘉燧寓居疁城（今上海嘉定），为之扬名于四方，极为时流推重。刻印不染时俗，专宗汉人。篆法精严，章法沉稳，善使冲刀，光润工致，为明人借鉴汉印而能形神兼备、气韵雅驯者。所作圆朱文，配篆堂皇婉畅，恬静淳美，在点画交错处刻微粗厚的“焊接点”，亦属首创。周亮工称其“以和平参者汪尹子”。时人刘继庄亦评曰：“其学原本秦汉，杂以宋元章法，

何雪渔后，亦近代之杰出者。”明末著名书画家的用印多出其手。清初沈世和、林皋等均受其影响。其篆刻风貌后世称为“娄东派”。但张灏《学山堂印谱》云：“杲叔不解奏刀，每潜令其子代勒以溷世，遂得浪名。今好事家所藏杲叔篆刻，皆出弘度手也。偶识之，以资一粲云。”与李流芳友善，其字“尹子”即为流芳所取。性疏率，得钱随手散尽，不事生产。后死于玉峰（今江苏昆山）。刻印辑有《宝印斋印式》，成书于万历四十二年（1614）。另辑有《印式》数种。

胡正言（1584—1674）

明末清初篆刻家。字曰从，休宁（今属安徽）人，寓居南京。南明弘光时，官武英殿中书舍人。工篆刻，取法何震而能运以己意，虽不及何震豪迈，但以工稳见胜。相传安宗弘光国玺即其手刻。旁通绘事，精于版刻。明亡后隐于市，与子其朴、其毅以版刻、镌印兼制作印泥应人需求。与当时文人杜浚、陈丹衷、王相业、韩诗、纪映钟、顾与治、周亮工等交往。清康熙十七年（1678），吕留良客南京，曾造访他并赠以诗。张岱《石匮书》为其立传。辑有《十竹斋笺谱》、《印史初集》、《印存初集》、《印薮》、《胡氏篆草》、《印存玄览》等。

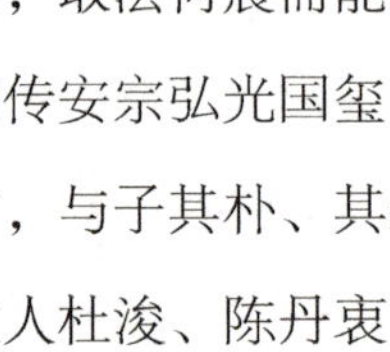

胡正言“栖神静乐”

◎他们往往自守于“与古为徒”的象牙之塔，置时风于度外。他们所守望的宁静致远、波澜不兴的审美理想，在今天仍然拥有广泛的知音。

江皓臣（？－约1656）

明末清初篆刻家。字濯之，号汉臣，歙县（今属安徽）人。善切玉印，能取法古人，运以己意，行刀自然取势，无凝滞之病。曾云：“坚者易取势。吾切玉后，恒觉石如宿腐，不能纵送。”常在嘉兴（今属浙江），受知于曹溶，也从周亮工游。后入闽，为黄景昉器重。晋江陶碧从学最久，能得其传。尝辑自刻印成《江皓臣印谱》。

江皓臣“近思氏”（连款）

程邃（1605–1691）

明末清初书画篆刻家。字穆倩，号垢道人、朽民等，歙县（今属安徽）人。明季诸生。早年从黄道周、杨廷麟游，晚居江都（今江苏扬州）。精医术，长于金石考证。收藏历代书画碑帖古器极富。能诗，善书画，山水初仿巨然，后纯用渴笔焦墨，沉郁苍古，别具神韵。尤工分书。刻印精研汉法，章法精严，刀法凝重浑茂，得古拙朴厚之致。朱文尤胜，好用大篆，为徽派开山者，宗之者甚众。黄山一派篆刻，风格因以一变，对后世用刀技法颇有影响。然自许甚高，不轻为人作。著有《会心吟诗集》。

程邃“徐旭龄印”（连款）

[叁]清代印人

林皋（1657—？）

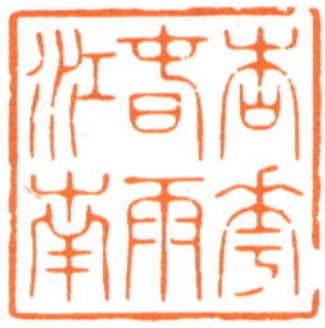

林皋“杏花春雨江南”

清篆刻家。字鹤田，一字鹤颠，更字学恬，福建莆田人，侨寓常熟。精篆刻，宗法文彭，复取法沈世和。所作工稳、秀雅、严谨，为时所重。当时名书画家及收藏家如王翚、杨晋、恽寿平、王鸿绪、徐乾学等人所用印章，多出其手。久客太仓王氏家，为王时敏作印尤多。后人称其为“莆田派”，又有人将他和汪关、沈世和合称为“扬州派”。刻印辑有《宝砚斋印谱》、《林鹤田印谱》。

高凤翰像

高凤翰（1683—1749）

高凤翰“家在齐鲁之间”

清画家、篆刻家。字西园，号南村，晚号南阜老人，山东胶州（今胶县）人。工诗，书画篆刻镌砚皆工。曾官安徽绩溪令，后因事自绝仕途。乾隆二年（1737）右手病痹，此后诗文书画多用左手。篆刻因奏刀艰困，故仅篆文字，命侄辈或生徒镌刻。作画风格恣肆雄放。性爱砚，达千余方，均手

◎他们往往自守于“与古为徒”的象牙之塔，置时风于度外。他们所守望的宁静致远、波澜不兴的审美理想，在今天仍然拥有广泛的知音。

自铭琢。拟成《砚史》，未竟功，其后宿迁王相邀王子若为之续撰，亦未毕事而去世。曾辑自藏印及自刻印成《西园印谱》。另著有《南阜山人全集》。

沈凤（1685–1755）

清篆刻家。字凡民、樊溟、帆溟，号谦斋、桐君、补萝、髯公等，别号白髯老人、沈叔子等，江苏江阴人。乾隆二年（1737）授江宁南捕通判。康熙五十三年（1714）辑自刻印成《谦斋印谱》四册，乾隆十八年（1753）重辑自刻印成《谦斋印谱》两册。

沈凤“仁者寿”

汪士慎（1686–1759）

清画家、篆刻家。字近人，号巢林、溪东外史、左盲生、天都寄客，安徽歙县人。一生清贫穷窘，酷嗜茶，性爱梅，居扬州以卖画为生。工诗，画擅梅竹。又工篆刻，以小篆入印，工稳而富变化。刻印与高翔、丁敬齐名，评者称：“汪似胜于高。”晚年双目失明，生活潦倒，苦练以手摸索写字作画，工妙胜于未盲时。著有《巢林诗集》。

汪士慎“七峰草堂”（连款）

高翔（1688–1753）

清书画篆刻家。字凤冈，号犀堂，又号樨堂、西堂、西唐，别号山林外臣，甘泉（治今江苏扬州）人。善画，工山水、梅花。书擅八分。又工篆刻，师法程邃，苍劲挺拔，蕴藉朴茂，以腕力取胜。与汪士慎、丁敬齐名，又与高凤翰、潘西凤、沈凤并称“四凤”。

高翔“蔬香果绿之轩”（连款）

丁敬（1695–1765）

清篆刻家。字敬身，号钝丁、砚林、梅农，别号龙泓山人、胜怠老人、玩茶叟、清梦生、丁居士等，钱塘（治今浙江杭州）人。家住候潮门外，以酿酒为生。嗜古好奇，与书无所不读，专心研究金石碑版。和厉鹗、金农、杭世骏、僧明中交谊最深，尝与厉鹗搜寻古迹。又工诗，与厉鹗等结西湖吟社。善书法，尤精篆刻，吸取秦汉印和前人长处，以切刀法刻石，苍劲质朴，极力扭转治印趋向矫揉妩媚的颓风，使印学得以振兴，世称“浙派”。

丁敬“上下钓鱼山人”

◎他们往往自守于“与古为徒”的象牙之塔，置时风于度外。他们所守望的宁静致远、波澜不兴的审美理想，在今天仍然拥有广泛的知音。

与蒋仁、黄易、奚冈合称“西泠四家”。晚年刻印较多，印文款识更趋质朴。著有《武林金石录》、《砚林诗集》、《龙泓山人集》等。卒后何元锡、何澍父子搜集其刻印，辑为《西泠四家印谱》传世，后魏锡曾又辑刻《砚林印款》。

汪肇漋（1722–1780）

清篆刻家。一名肇龙，字稚川，号松麓，安徽歙县人。少时家贫勤学，通六书，以刻印为生，所作具秦汉神韵。后人将他与程邃、巴慰祖、胡长庚合称为“歙中四子”。后游婺源，师从江永研治经学。精于古籀文。传称凡钟鼎古篆，暗中可用手抚摸而识，被推为绝学。曾深究太学石鼓，著有《石鼓文考》。

潘西凤“福不可极留有余”（连款）

潘西凤（1736–1795）

清篆刻家。字桐冈，号老桐，别署天姥山樵，浙江新昌人，寓居广陵（今江苏扬州）。王澍弟子。雍正二年（1724）客年羹尧幕，后辞归，以布衣终。精刻竹，为濮仲谦后一人。兼工治印，作竹根印尤别致。曾为王澍将其所临《十七帖》书丹以竹筒刻成《竹筒十七帖》，精美无匹，后有翁方纲跋，嘉庆时收入内府。与沈凤、高凤翰、高翔（字凤冈）合称“四

凤”。曾为郑燮刻印，郑辑入所集《四凤印谱》中。

董洵“小琅嬛”（连款）

董洵（1740–1812）

清篆刻家。字企泉，号小池、念巢，浙江山阴（治今绍兴）人。官四川南充主簿。工诗，善写兰竹。去职后携琴书遍游蜀中名胜，诗益宏放，画更雄奇。又工篆隶，精篆刻。治印上师秦汉，旁通唐宋，兼及文彭、何震、程邃、苏宣、丁敬诸家，皆清隽绝俗，款识亦苍古劲拔。后落拓京师，以铁笔自给。与余集、黄钺、蕴端、瑛宝、董元镜、赵佩德等相友善。著有《小池诗钞》、《多野斋印说》。刻印辑有《董氏印式》，另有《董洵摹宋元印谱》（亦名《石寿轩宋元印谱》）。

蒋仁像

蒋仁（1743–1795）

清篆刻家。原名泰，字阶平，号山堂，又号吉罗居士、女床山民，后得古铜印“蒋仁之印”，因易名，浙江仁和（治今杭州）人。隐居艮山门外，署所居曰

蒋仁“真水无香”

◎他们往往自守于“与古为徒”的象牙之塔，置时风于度外。他们所守望的宁静致远、波澜不兴的审美理想，在今天仍然拥有广泛的知音。

“吉罗庵”。行书由米芾上窥二王，参以孙过庭、颜真卿、杨凝式。间写山水，不多作。偶吟小诗。篆刻师法丁敬，取径高古，苍茫朴茂，沉着冷隽，自具风貌。款识亦精，密行细字，以石就刀，参错随意。不轻易为人刻印，故流传甚罕。后人将其与丁敬、黄易、奚冈并称，为浙派“西泠四家”之一。

邓石如（1743—1805）

清篆刻家。初名赤玉，字石如，后改名琰，入嘉庆朝避帝讳而以字行，更字顽伯，号完白，又号古浣，别号古浣子、完白山人等，室名铁砚山房，安徽怀宁人。父邓木斋博学多通，善篆隶治印。家贫，幼事樵采，得暇读书，仿其父作篆隶，又摹印售于市，以充家用。后因梁巘之荐，客居宣城梅镠家八年，得纵观所藏金石文字，专心临摹，书艺更进，篆隶真行无不精善。其书法以篆隶负盛名，出入于秦汉碑额和李阳冰之间，雄浑朴茂，纵横开阖。篆刻初师法明梁袠诸家，继而博采众长，以书入印，曾以“刚健婀娜”四字状其篆势刀法之妙。所作圆润瑰伟，

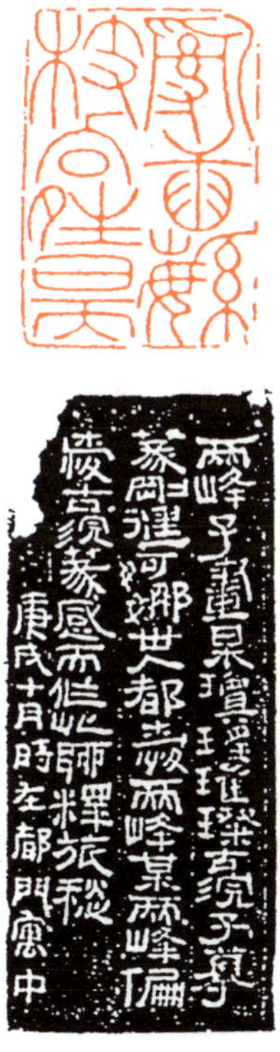

邓石如“乱插繁枝向晴昊”（连款）

气势磅礴，世称“皖派”或“邓派”。宗之者，其子传密外，有包世臣，再传于吴熙载，成就尤高；赵之谦、吴咨、徐三庚、杨沂孙、黄士陵、吴昌硕等亦沾溉流风。其篆刻生前未见成谱，较早的见于歙县程鸿绪所辑《浣月斋印谱》，后暨阳（江阴）陈以和汇集其印，成《完白山人篆刻偶存》、《古梅馆完白山人篆刻偶存》。光绪间，王尔度摹印、张屿摹款识于木，成《古梅阁仿完白山人印剩》。1942年，慈溪张鲁庵摹成《鲁庵仿完白山人印谱》，平湖葛氏辑有《邓印存真》。

巴慰祖（1744–1793）

清书画篆刻家。字予藉、子安、隽堂，号晋堂、莲舫等，安徽歙县人，祖籍四川巴县（治今重庆）。少读书、弈棋、驰马、度曲、雕镂无所不能。收藏法书名画、金石文字、钟鼎尊彝甚多。能画，山水花鸟皆工。工篆隶，尤擅隶书，劲险飞动，有建宁、延熹遗意。精篆刻，曾得金榜赠明顾汝修《集古印谱》墨渡原谱，选至精者摹成《四香堂摹印》。所作雅致近汪关而益趋自在，浑穆近程邃而益趋精整，娟秀中透露古茂气象。

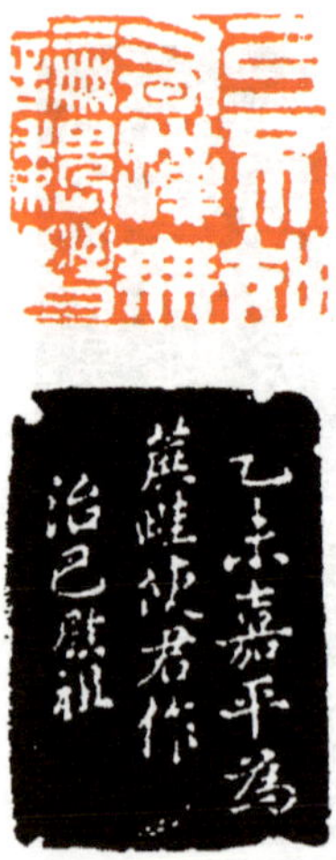

巴慰祖“乃不知有汉无论魏晋”（连款）

◎他们往往自守于“与古为徒”的象牙之塔，置时风于度外。他们所守望的宁静致远、波澜不兴的审美理想，在今天仍然拥有广泛的知音。

黄易（1744—1802）

清书法篆刻家。字大易，号小松，又号秋庵，别署秋景庵主等，浙江仁和（治今杭州）人。监生，官山东济宁运河同知。善古文词，长金石考古之学。刻印问业于丁敬，兼及秦汉宋元。所作淳厚渊雅，以隶体入款识，古雅清丽，深得汉人风韵，驰名当时。曾有“小心落墨，大胆奏刀”语，阐明刻印要旨。为浙派主要印人，“西泠八家”之一。又工丹青，山水得董源、关仝法，淡墨简笔，有金石味。花卉宗恽寿平，间作墨梅，亦饶逸致。精隶书，摹“官碑额”，小隶似武梁祠题字，隶法中参以钟鼎，愈见古雅。著有《小蓬莱阁集》、《小蓬莱阁金石文字》、《嵩洛访碑日记》等。乾隆五十二年（1787）辑自刻印成《种德堂集印》一册。另辑有《黄氏秦汉印谱》、《黄小松印存》等。

黄易像

黄易“树端临本”（连款）

奚冈（1746–1803）

清书画篆刻家。初名钢，字纯章，号铁生，又号萝龛、蒙泉等，别署隺渚生、蒙泉外史等，安徽歙县人，后移居浙江钱塘（治今杭州）。篆刻师法丁敬，清隽朴厚，在西泠诸家中以冲和拙质胜。与丁敬、黄易、蒋仁并称，为浙派“西泠八家”之一。兼善诗词、书法。后专于绘事，尤工山水，笔墨苍秀，得董其昌、恽格二家法，晚年入李流芳一派，为浙中画家巨擘。受钱泳请为作《养竹山房图》，钱称其“天分极高，无一点尘俗气也”。著有《冬花庵烬余稿》。

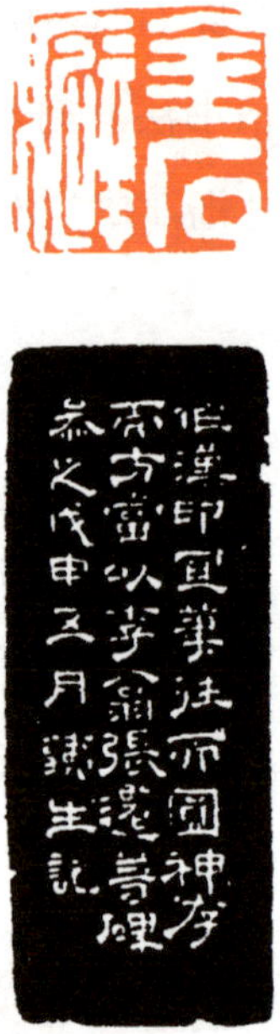

奚冈“金石癖”（连款）

胡唐（1759–1826后）

清篆刻家。又名长庚，字咏陶，又字子西、西甫、寿客，号槜园等，安徽歙县人。工书，篆隶行楷皆精，行楷参虞、欧、颜、柳笔法，挺健端秀。为巴慰祖外甥，得受亲炙，承学有自，刻印尤工。其印融秦玺及汉私印，工稳雅丽，一变皖派

胡唐“蕅花小舸”

何震开山风格。传世有《还香楼印谱》，册中集其与巴树谷、巴树烜刻印极多。另有《董巴胡王合刻印谱》，乃伪托。著有《木雁斋诗》。

陈豫钟（1762—1806）

清篆刻家。字浚仪，号秋堂，浙江钱塘（治今杭州）人。廪生。生于金石世家，幼承陶冶，癖好金石文字，博通小学。书工楷篆，画擅兰竹。尤精篆刻，从秦汉而规守丁敬以来浙派准绳，尤得奚冈秀静韵致。款识作细字端楷，饶有唐人遗风，精雅悦目，堪称独绝，识者论其边款较印面远胜。为“西泠八家”之一，与陈鸿寿并称“东园二陈”。阮元抚浙，主铸文庙钟镈礼器，嘱其仿古摹勒文字，极为阮氏叹赏。又爱搜集金石文字，拓藏积至数百页，名画佳砚亦不惜重金购置。著有《求是斋集》、《明画姓氏韵编》、《古今画人传》，刻印辑有《求是斋印谱》。

陈豫钟“水边篱落”（连款）

陈鸿寿（1768—1822）

清篆刻家。字子恭，号曼生，又号曼寿、恭寿等，别署种榆道人等，浙江钱塘（治今杭州）人。嘉

庆六年（1801）拔贡，曾任溧阳知县、南河海防同知。工诗文，善书法，尤精篆刻。刻印取法秦汉及浙派丁、蒋遗规，擅长切刀，纵肆爽朗，以气力胜。书法行草篆隶并善，画擅兰竹。喜摩崖碑版，收藏甚富。官溧阳时雅爱宜兴紫砂壶，与杨彭年合制，亲为撰铭作画镌刻，世称“曼生壶”。兼能刻竹。嘉庆二十三年（1818）辑自刻印成《种榆仙馆印谱》。另著有《种榆仙馆集》、《桑连理馆词集》、《种榆仙馆摹印》等。

陈鸿寿“浓花淡柳钱唐”（连款）

赵之琛（1781—1852）

清篆刻家。字次闲，号献父、退庵、静观，别署宝月山人等，浙江钱塘（治今杭州）人。父祖世嗜金石之学，家富收藏，能承家学。篆刻师从陈豫钟，继取丁敬、黄易、奚冈、陈鸿寿各家长处，得集浙派大成，为“西泠八家”之一。所刻印章法纯正，刀法挺拔。款识遵师法，又融合行楷隶意施刀，瘦硬劲健。工诗。书法擅各体，尤精篆籀，阮元著《积古斋钟鼎款识》，其中古器文字之半出自其手摹。善画山水，师黄公望、

赵之琛“汪醇”

◎他们往往自守于“与古为徒”的象牙之塔，置时风于度外。他们所守望的宁静致远、波澜不兴的审美理想，在今天仍然拥有广泛的知音。

倪瓒，有萧疏淡雅之趣。花卉近华岩，笔意潇洒。间作草虫，随意点染，体能毕肖。著有《补罗迦室诗集》，刻印辑有《补罗迦室印谱》。后张鲁庵搜遗印，辑为《退庵印寄》。

吴熙载（1799–1870）

清书法篆刻家。原名廷飏，字让之，亦作攘之，别号让翁、晚学居士、晚学生、方竹丈人，道光元年（1821）避帝讳以字行，江苏仪征人。诸生。包世臣弟子。通金石史地考据。工书，善篆隶，尤精篆刻，间画花卉，风韵绝俗。篆刻始从汉印入手，后专宗邓石如，能自成面目，后世学邓多取径于熙载，近世以来影响深远。作品于遒劲凝练中具舒展流动之势，远出当时印人之上。运刀如笔，显出书法笔意。晚年不落墨而率意奏刀，境界愈高，基于邓氏，而能自入化境。署款多作行草书，流畅自然，别具风韵。晚年寄居泰州僧舍，罕治印，以书画自给。同治二年（1863）杭人魏锡曾铃拓吴氏刻印为《吴让之印存》，赵之谦书序卷首。著有《吴让之自评印稿》、《通鉴地理今释稿》等。另有丹徒李培桢辑《晋铜鼓斋印存》，成于光绪二年（1876）。后人辑其

吴熙载“瑶圃手槭秦汉金石”（连款）

刻印又有《师慎轩印谱》、《述古阁藏吴让之印稿》、《听雨草堂印集》、《吴让之印存》等。

胡震（1817–1862）

清篆刻家。初字听香，后更字伯恐、不恐，号鼻山，别号胡鼻山人、富春大岭长、大岭长，所居名“竹节砚斋”，浙江富阳人。性好金石考证之学，常赴杭州、湖州、苏州、上海等地访友谈艺，收罗文物。家中多藏碑帖和各类拓本，善书法，精写行隶。篆刻取法汉印，亦具功力。于印叹服钱松之作，称其腕力之雄、运气之浑，直造汉室。二人订交，情同师友。书法、篆刻受钱松感染很深，印尤酷似，为浙派后劲。后严荄集钱松及胡震印为《钱叔盖胡鼻山两家刻印》。

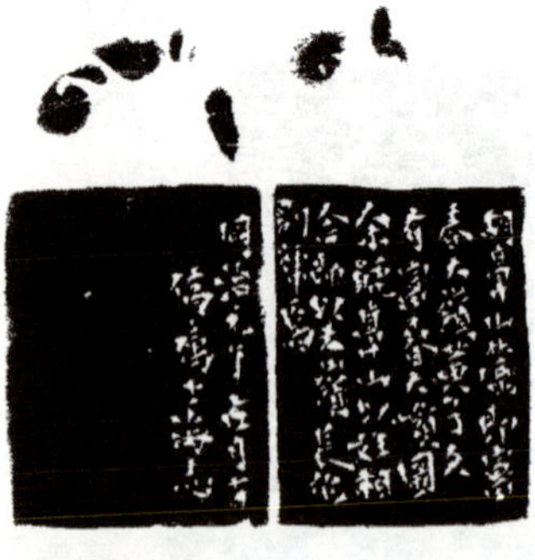

胡震“富春大岭长”（连款）

钱松（1818–1860）

清书画篆刻家。原名松如，字叔盖，号耐青、铁庐、未道人、西郭外史等，浙江钱塘（治今杭州）人。喜收藏，所藏古碑旧拓多加题跋。善鼓琴，工篆隶，精铁笔，亦善绘事，山水近江贯道，设色苍古有金石气；又

◎他们往往自守于“与古为徒”的象牙之塔，置时风于度外。他们所守望的宁静致远、波澜不兴的审美理想，在今天仍然拥有广泛的知音。

钱松“沈树镛印”（连款）

精写梅竹石。刻印由浙派入手而上追秦汉，曾手摹汉印二千纽。赵之琛见其作品，惊叹曰：“此丁、黄后一人，前明文、何诸家不及也。”所作善于稚拙中蕴蓄玄奥深意。其刻款各体均有，苍劲浑朴，自有面目，为“西泠八家”之一。而所作出新之别调，非浙派所能囿者。与胡震、杨岘、范禾交谊极深，并与杨岘、释六舟等结解社于南屏。后人集其所作成《铁庐印谱》、《钱叔盖印谱》、《未虚室印谱》。严荄集其与胡震所作成《钱叔盖胡鼻山两家刻印》。

徐三庚（1826–1890）

清书法篆刻家。字辛谷，号井罍、金罍、褎海等，别号荐未道士、金罍山民等，浙江上虞人。工篆隶，能摹金石文字，所刻吴皇象《天发神谶碑》甚佳。篆刻早岁师法陈鸿寿、赵之琛，后以邓石如、吴熙载为归，入印书体婀娜多姿，让头舒足，有如吴带当风。性好游历，年未三十即挟技离乡，足迹遍南北。黄士陵、齐白石早年亦受其影响。所作虚实处理自

徐三庚“桃花书屋”

为家数，用刀猛利熟练，不事修饰。行楷边款，运刃劲健，为大家模范。刻印辑有《金罍山民印存》、《似鱼室印谱》。后人辑有《徐三庚印存》、《金罍印摭》等。

赵之谦（1829—1884）

清书画篆刻家。字益甫，又字㧑叔，号冷君、铁三、悲庵、无闷、憨寮等，会稽（今浙江绍兴）人。咸丰九年（1859）举人。历官江西鄱阳、奉新、南城等县，卒于任所。工诗文，通六书，精于金石考证，善书画篆刻，成就卓越。书法初学颜体，后宗北书，得力于北碑及龙门造像诸品。绘画取法复堂、白阳、南田诸家，外师造化，出以金石意趣，花卉木石设色雅丽，运气磅礴。篆刻初宗浙派，既学邓石如，后乃合皖、浙两派，上追秦汉，博取汉魏六朝以来碑版镜铭文字入印，力辟蹊径，近现代篆刻名家多受其影响。同治二年（1863）魏锡曾辑其刻印成《二金蝶堂印谱》。著有《补寰宇访碑录》、《六朝别

赵之谦像

赵之谦“仁和魏锡曾稼孙之印”（连款）

◎他们往往自守于“与古为徒”的象牙之塔，置时风于度外。他们所守望的宁静致远、波澜不兴的审美理想，在今天仍然拥有广泛的知音。

胡钁像

字记》、《章安杂说》、《悲庵居士诗剩》、《国朝汉学师承续记》（未成）等，刊刻“仰视千七百二十九鹤斋丛书”四十种。民国时西泠印社辑成《悲庵剩墨》行世。

胡钁（1840—1910）

清篆刻家。字匊邻，号老鞠、老䥅、不枯，别号晚翠亭长、湘波亭主等。石门（今属浙江桐乡）人。诸生。善治印，得力于汉玉印、凿印、诏版，白文印尤精，篆法、刀法俱工整雅秀。早年从金罍游，故不以浙派自囿，且不规规于鸳湖家数，光绪中成为一时名手。亦善刻竹、木及刻碑，曾于黄杨木上缩刻宋拓《圣教序》、《仙坛记》、《醴泉铭》，均不失神韵。善画，山水近石溪，兰菊秀逸有致。亦工诗。为西泠印社早期社员。著有《不波小泊吟草》，刻印辑有《晚翠亭长印储》、《晚翠亭藏印》。

胡钁“修纪堂”（连款）

[肆]近现代印人

吴昌硕（1844—1927）

书画篆刻家。初名俊，字香补，又名俊卿，字昌硕，后以字行，号缶庐、老缶、苦铁、大聋等，浙江安吉人。早岁曾从俞曲园受学。曾任江苏安东（今涟水）令，一月即弃去。寓居苏州、上海。工书法，尤擅石鼓文。篆刻以秦汉玺印、封泥、瓦陶等文字入印，并独创厚刀钝刃切冲入石之法，雄厚苍劲，一洗浙、皖成规，创为一派。善画，特擅花卉，近效任伯年，远法陈白阳、徐青藤、朱耷等，参以篆书笔意入画，笔酣墨饱，气势磅礴，不落前人窠臼，自出新貌。诗亦才思敏捷，援笔立就。与白龙山人等相友善，为近代杭沪艺坛领袖。1913年被公推为西泠印社首任社长。著有《缶庐集》。印作辑有《朴巢印存》、《苍石斋篆印》、《齐云馆印谱》、《篆云轩印存》、《铁函山馆印存》、《削觚庐印存》、《缶庐印精拓》等。

吴昌硕“吴俊卿信印日利长寿”（连款）

黄士陵（1849—1908）

书法篆刻家。字牧甫，又作穆甫、穆父，晚年别号黟山人、倦叟、倦游窠主，室名蜗篆居、延清芬室、古槐邻

◎他们往往自守于“与古为徒”的象牙之塔，置时风于度外。他们所守望的宁静致远、波澜不兴的审美理想，在今天仍然拥有广泛的知音。

黄士陵“方文隽印”（连款）

屋，安徽黟县人。幼承家学，精研篆籀。曾在国子监从盛昱、王懿荣、吴大澂问学，曾入吴大澂幕府。后侨寓粤中，以书画篆刻自给。篆刻早年摹拟吴熙载、赵之谦、丁敬、黄易，后师法秦汉玺印，更参以钟鼎泉币、秦权汉镜、碑碣陶瓦文字笔意。用刀圆腴挺峭，于光洁中见浑穆，特具雍容华贵，于皖、浙两宗之后自树一帜，世称“黟山派”。晚客湖北巡抚兼署湖广总督端方幕。卒后其子廷荣辑遗作成《黟山人黄穆甫先生印存》。张鲁庵曾集拓其印辑成《黄牧甫印存》。

钟以敬（1866—1917）

篆刻家。字让先，号矞申、矞声、月声、越生，别署烟萝、窳龛，浙江钱塘（治今杭州）人。嗜金石，工篆书，学《吴纪功碑》尤得笔法。奏刀治印神似赵之琛、徐三庚，亦追慕“西泠四家”，工稳平实，款识得陈豫钟神韵，时人许为能手。兼精刻竹，摹金文尤见长。为西泠印社早期

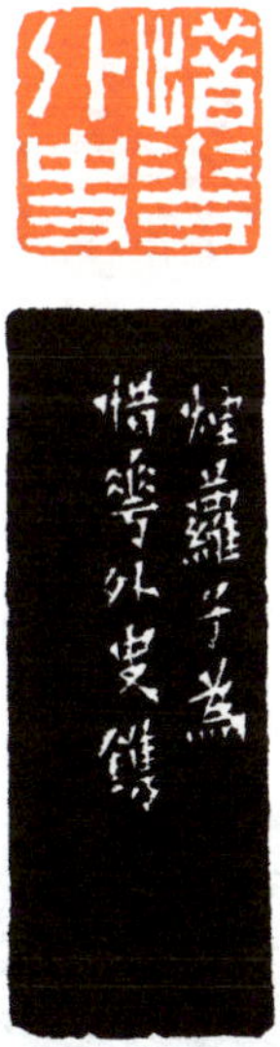

钟以敬“惜花外史”（连款）

社员。1914年辑有《窳夐留痕》（亦名《泉唐鹤庐居士印赏》），另辑有《印储》，著有《篆刻约言》。

赵石（1873—1933）

篆刻家。字石农，号古泥，别署泥道人，江苏常熟人。少时曾在药店学业。锐意书法，以摹帖篆镌琢砚自给。曾客沈汝瑾师米斋，为刻砚铭，尽观沈氏收藏文物。书法、篆刻师从吴昌硕。曾云：“余刻朱文得力于郑庵所藏封泥，白文则获益于《十钟山房印举》者为多。”又出以新意，自成面目。兼以气力充沛，能攻坚锲晶玉，时人以“虞山派”称之（亦称“赵派”）。弟子邓散木刻印得其嫡传。书法颜真卿，仿同乡翁同龢书能乱真。刻印辑有《拜缶庐印存》，著有《泥道人诗草》。友人为辑成谱者，有沈氏师米斋《赵古泥印存》、庞氏兰石轩《泥道人印存》、陈老秋《赵古泥印存》等。

赵石像

赵石“颜斋”（连款）

赵时㭎（1874—1945）

书画篆刻家。初名润祥，字献忱，号纫苌，又字纫长，后改名时㭎，字叔孺，晚号二弩老人，浙江鄞县（治今宁波）人。

◎他们往往自守于“与古为徒”的象牙之塔，置时风于度外。他们所守望的宁静致远、波澜不兴的审美理想，在今天仍然拥有广泛的知音。

赵时棡“毗陵汤涤定之”

幼随父寓居北京，受教于李枚士。后补县学生，以同知官福建十余年。岳父林颖叔富收藏，因得究心金石书画。后定居上海，以鬻书法、绘画、篆刻为生。书宗二赵（孟頫、之谦），画亦学二家，尤擅画马。篆刻遵之谦，所作古小玺及圆朱文秀挺绰约，能于缶翁外别树一帜。弟子五十余人，陈巨来传其印艺。辑有《二弩精舍藏印》、《二弩精舍印赏》、《二弩精舍印谱》等，后人辑有《赵叔孺印存》。著有《汉印文分韵补》。

王禔（1880–1960）

书法篆刻家。原名寿祺，字维季，号福庵、屈瓠、持默等，别署罗刹江民，室名麋砚斋、春住楼，浙江杭州人。民国初寓京，任民国印铸局技正。五十岁后定居上海，鬻字治印自给。新中国成立后曾为中国画院画师。精刻印，所刻印章工稳朴茂，得浙派神髓，细朱文尤臻妙境。工书，善钟鼎、楷隶，铁线篆尤

王禔“闵氏乐寿堂印”（连款）

为人所称颂。嗜收藏古今名人印章，自称“印佣”。清光绪三十年（1904）与叶铭、丁仁、吴隐创建西泠印社。辑有《福庵藏印》、《麋砚斋印存》、《罗刹江民印存》，著有篆书《说文部首》、《说文部属拾异》、《麋砚斋作篆通假》等。

马衡（1881–1955）

考古学家、篆刻家。字叔平，别署鍴庐，室名凡将斋，浙江鄞县（今宁波鄞州区）人，寓居北京。曾任国立北京大学研究所国学门考古学研究室主任，1924年参与清室善后委员会点查故宫物品，故宫博物院成立后任古物馆副馆长，1933年起任故宫博物院院长。西泠印社第二任社长。精于文物的考证鉴别，专治史学考古，尤精研秦石鼓、汉魏石经、古铜器、古玺印、古代度量衡等，深入独到，识见卓越。时与马寅初、马叙伦有“三马”之称。能诗词，工篆隶，善治印。著有《金石学概要》、《中铜器时代戈戟之研究》、《新嘉量考释》、《石鼓为秦刻石稿》、《汉石经集存》、《中国书籍制度之研究》等。印作辑有《凡将斋印存》、《凡将斋印谱》、《鍴庐印稿》等，又撰有《谈刻印》一文。遗稿经后人整理辑为《凡将斋金石丛稿》。

马衡“古人之辞”

李尹桑（1882–1945）

篆刻家。原名茟，字茗柯，一作楳柯，

◎他们往往自守于“与古为徒”的象牙之塔，置时风于度外。他们所守望的宁静致远、波澜不兴的审美理想，在今天仍然拥有广泛的知音。

李尹桑“娑婆室”（连款）

号壶父，又号钵斋、秦斋，江苏吴县（治今苏州）人，久寓岭南。黄士陵弟子。精研篆刻碑拓数十年，与黄宾虹、易大庵、邓尔雅等过往较密。以精刻古玺名于时，临摹汉、魏诸碑，也富有金石气。偶写赵之谦真行书，鉴赏家不能辨真伪。与邓尔雅、简经纶齐名。推崇师门，曾云：“悲庵（赵之谦）之学在贞石，黟山（黄士陵）之学在吉金；悲庵之功在秦汉以下，黟山之功在三代以上。”辑自刻印有《大同石佛龛玺印稿》、《大同石佛龛玺印存》、《李茗柯玺印留真》，另辑《古玺集存》，又与易大庵合辑《秦斋魏斋玺印合稿》。

邓尔雅（1884–1954）

篆刻家。原名溥，以避宣统帝讳改名万岁，字尔雅，以字行，又字季雨，号邓斋，别署宠恩，广东东莞人。少承家学，究心文字训诂。二十一岁游学日本攻美术，学成归乡里任教。后移家居香港，以鬻艺卖文为生。诗文书法、绘画篆刻皆擅

邓尔雅“吷盦”

名一时。治印初宗邓石如，继尚黄士陵作汉印一路，平正中巧寓变化，挺劲雄健，光洁妍美，并取两汉金文意趣而展其势。亦喜六朝造像入印，生动毕肖。1918年与李尹桑、易大庵等十余印人于广州成立濠上印学社，1920年又与易大庵、卢乃潼成立三余印学社。著有《篆刻卮言》、《印剩》、《邓斋印雅》、《印学源流》、《艺觚草稿》等。

乔曾劬（1892–1948）

篆刻家。字大壮，原字勤孙，别号壮翁、乔瘁、瘁叟、戢翁、波外翁等，四川华阳（治今成都）人。清末毕业于北京译学馆，专攻法文，民国时曾任职教育部，先后执教于南京中央大学、台湾大学等，抗日战争时期在重庆军训部任参议。与徐悲鸿、蒋维崧等相友善。后于苏州平门外梅村桥投水自沉。又以书法、篆刻、诗词著名。沙孟海《沙村印话》云：“大壮饱学荣辞，篆刻用邓、赵体，颇近黄穆父，但多创意，觑幽刺怪，自成家数。为人蕴藉敛抑，不自表暴，尤不可及。予闻其名廿余载，交其人亦六载，犹恨知之未尽也。”著有《波外楼诗》、《波外乐章》。1950年潘伯鹰托秦

乔曾劬“光明海”（连款）

◎他们往往自守于“与古为徒”的象牙之塔，置时风于度外。他们所守望的宁静致远、波澜不兴的审美理想，在今天仍然拥有广泛的知音。

邓散木“两寓花桥”

彦冲编成《乔大壮印蜕》。

邓散木（1898—1963）

书法篆刻家。原名铁，字钝铁，号粪翁，别号无恙、无外居士、郁青道人、且渠子等，晚年又号一足、夔，室名厕简楼，上海人。幼辍学，自修中文和书法。后从常熟萧蜕学书法，从赵石学篆刻。书擅四体，尤爱慈溪梅调鼎书，行楷极似。印得赵石真传，沉雄朴茂、大气磅礴中兼有清新古拙、潇洒遒劲之致。工诗，能画竹。以书、刻驰名上海。弟子四十余人。1955年起定居北京。辑有《豹皮室印存》、《粪翁治印》、《三长两短斋印存》、《厕简楼印存》、《厕简楼编年印稿》、《高士传印稿》、《旅京锲迹》、《一足印稿》、《癸卯以后锲迹》、《摹两汉官印》等。著有《篆刻学》、《书法百问》、《邓散木诗选》等。

沙孟海“之隐校录”（连款）

沙孟海（1900—1992）

书法家、篆刻家、金石学家、考古学家、鉴赏家。原名文若，号石荒、沙村、兰沙、决明、僧孚，浙江鄞县（今宁波市鄞州区）人。早年从冯君木学古典文学，又从吴昌硕、赵时棡学习书法、篆刻，兼攻古文字学、金石学。书法精四体，雄强刚健，晚年老笔纷披，磊落大度，更臻炉火纯青之境。篆刻取法甚广，遍探战国古玺、秦汉印及明清诸子印，得其真谛。曾任中国书法家协会副主席、西泠印社社长、浙江博物馆名誉馆长、浙江美术学院教授等。刻印辑有《兰沙馆印式》。著有《印学史》、《沙孟海论书丛稿》、《沙村印话》、《印学概说》、《中国书法史图录》、《近三百年的书学》等。

来楚生（1903–1975）

书画篆刻家。原名稷勋，字初生、初升、木人、楚凫，号负翁、一枝、非叶、安处，室名燃犀室，浙江萧山（今杭州萧山区）人，客居上海。毕业于上海美术专科学校。擅长阔笔花鸟，偶作山水、人物，宗八大、青藤、李复堂、赵之谦诸家，兼取吴昌硕、齐白石笔墨，并融金石味入画。书法远宗汉魏晋唐，近学黄道周、八大山人、金冬心。篆刻近吴熙载、吴昌硕，并取法汉印，旁参古玺，布局重书法意趣，刀法冲切并用，力求古朴浑厚之气韵。于汉魏六朝画像石、砖刻皆有师法。更善刻肖形印，尤

来楚生“佛”（肖形印）

◎他们往往自守于“与古为徒”的象牙之塔，置时风于度外。他们所守望的宁静致远、波澜不兴的审美理想，在今天仍然拥有广泛的知音。

以生肖、佛像、人物著称。曾任上海美术专科学校、新华艺术专科学校教授，上海中国画院画师，中国美术家协会会员、中国美术家协会上海分会理事、上海中国书法篆刻研究会常务理事、西泠印社社员、上海市文史馆馆员。著有《燃犀室印学心印》、《来楚生画集》、《来楚生法书选》、《来楚生肖形印》、《来楚生印集》等。

韩登安（1905—1976）

篆刻家。原名竞，字登安，以字行，又字仲铮，号秋斋，室名物芸斋、容膝楼，浙江萧山（今杭州萧山区）人，世居杭州。少受父教，嗜好金石书画。曾入厂学铸工，后专志书法篆刻。年二十四在沪师事王禔。1933年加入西泠印社，任总干事。新中国成立后曾于金石服务社工作，1956年受聘为浙江省文史研究馆馆员。篆刻功力深厚，溯源秦汉，又广揽浙、皖两派，而植根于浙宗，并深研吴熙载、赵之谦、徐三庚、黄士陵、吴昌硕、齐白石、邓散木等名家印刻，兼采众长。刻细朱文足以与陈巨来并驾齐驱，仿浙派于赵之琛几能乱真。陆维钊评其印云：“工整有余，气魄不足。实则工整原属印学一派，恰似画中工笔一路。接受传统，承先启后，绳墨之

韩登安“之隐钞录印谱文字记”

中，自具风格。”兼长隶书，并工山水。刻印辑有《西泠印社胜迹留痕》、《毛主席诗词刻石》、《登安甲寅篆刻集》、《登安乙卯篆刻集》。选编有何夙明本《西泠四家印谱》，摹辑有《明清名家印篆》等。

陈巨来“鲁庵印泥”（连款）

陈巨来（1905—1984）

篆刻家。名斝，字巨来，以字行，号安持，又号墒斋，晚号萬叟，斋名安持精舍，浙江平湖（今杭州余杭区）人。精篆刻，为赵时棡弟子。曾遍览海内珍贵印谱，心摹手追，博采众长。初从赵之谦、黄士陵入手，后经高野侯启迪，攻程邃、汪关、巴慰祖诸家，进而研究圆朱文，其师赵叔孺推谓“元朱文为近代第一”。所作布局匀整，雅静秀润，雍容大度，极受张大千、吴湖帆、溥心畬等宝爱。新中国成立后为上海中国画院画师、西泠印社社员、上海市文史馆馆员。著有《安持精舍印话》，辑有《古印举式》、《安持精舍印最》等。

吴朴（1921—1966）

篆刻家。字朴堂，号厚庵，浙江绍兴人。曾任职于国民政府文官处印铸局，新中国成立后供职于上海博物馆。西泠印社

◎他们往往自守于“与古为徒”的象牙之塔，置时风于度外。他们所守望的宁静致远、波澜不兴的审美理想，在今天仍然拥有广泛的知音。

社员。治印初从浙派入手，继又效法吴昌硕。居上海后，师事王禔。所刻印谨严精细，典雅朴实。曾摹旧谱中的战国小玺精品，成《小玺汇存》四卷，几可乱真。仿“西泠八家”中赵之琛印亦神似。又善鉴别金石，曾编拓印集。与方去疾、单晓天合刻有《瞿秋白笔名印谱》、《古巴谚语印谱》、《养猪印谱》等。另辑赵之谦印成《二金蝶堂印谱》，自刻印成《朴堂印稿》。

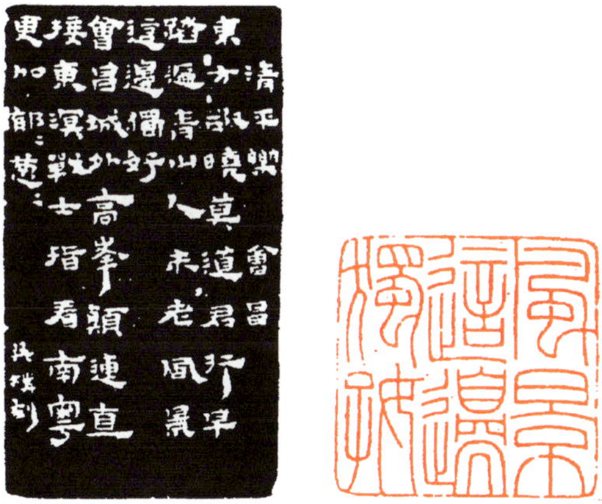

吴朴“风景这边独好”（连款）

篆

篆刻是我国优秀的艺术形式之一，是文学、书法艺术和雕刻形式的有机结合，是中华民族优秀文化遗产的重要组成部分。

学术性文章精选

篆刻是我国优秀的艺术形式之一，是文学、书法艺术和雕刻形式的有机结合，是中华民族优秀文化遗产的重要组成部分。

学术性文章精选

中国印章简史

孙慰祖

先秦古玺

中国古代青铜玺印的早期形态，目前已知大约出现于商周之际，传为殷墟出土的三件铜玺的性质和年代，近年来已为一些学者通过多方面的考证所肯定。在殷墟发掘中还出土过押有玺印的残陶，是又一有说服力的证明。和埃及、巴比伦和波斯湾地区等古文明发源地出现的印章一样，中国早期玺印的功能同样经历了由印模到特殊凭信的转变。近世的考古成果还表明，它的原始形态可以上溯至更为久远。

《左传》和《国语》都记载：季武子取卞，玺书追而与之。这说明在春秋中期社会政治生活中已经使用以玺印押于封泥，作为封发文书的信验。《周礼》又进一步记载了在商业活动和国家征收贡物等过程中，以玺印为凭信形成了法定的制度。现存数以万计的官私古玺大多为战国遗物，这充分说明中国玺印的社会应用和制作至此已进入繁盛期。

◎篆刻是我国优秀的艺术形式之一，是文学、书法艺术和雕刻形式的有机结合，是中华民族优秀文化遗产的重要组成部分。

先秦古玺已形成了多样的类别。作为官署、官吏行政职权的凭信，官玺印制作出自工官机构，形制上较为单一，但风格以雄奇宽博、苍古凝重为主流。私人的信玺则表现为自由活泼的特色，精巧奇逸的趣味不仅凸显在印文和章法上，同时也反映在形制的多元化方面，以方形为主，还有长方形、圆形、椭圆形及各种杂形等多样的变化。纽式的造型也开始致力于赏玩、装饰和寓意的表现，各种动物、人物和建筑形象都出现在此期私玺中，极富艺术构思。这些外在形式方面的创造，反映了先秦时期在器物制作的各个方面追求艺术审美效果的意识。至于吉语、箴言、肖形玺，也是先秦玺印中重在祈福、励志和避邪甚至观赏的特殊品类，他们折射出先民的思想观念和情感，成为后世闲章艺术的先声。

陶范法或失蜡法铸印是古玺的主要制作工艺，凿刻印文在“平阴都司徒”一类燕白文官玺中表现为猛利恣肆的风貌，秦系的白文则显得质朴含蓄，这是工艺的地域差异。三晋“春安君”、楚“长平君相室鉨”等玉玺是采取砣治的玉雕技法。朱文的官私玺几乎全出于铸造，但各地亦有不同风格：燕地“昜文□鍴”一类异形玺和齐的“左桁正木”属于烙、錾戳记之用，线条粗犷；三晋官私玺（如“石城疆司寇”、“郛足”）之间形制差异较少，均为欹侧险峻风貌；楚系的官玺多表现为奔放风格，而

像“周午信”、“郾皷信鈢”一路私玺则最为绮丽诡异，往往在累黍之地中铸出细如毫发、挺拔遒劲的笔画，是失蜡浇铸的优秀作品，与齐系、秦系私玺古朴浑厚的风格形成鲜明的不同。这些都是各诸侯国政治、经济地域长期分割造成的文字异形和不同制作习尚的反映，是特定时期的特殊产物。从印章艺术的立场来审视，也由此造成了古玺审美类型的奇特多姿，为文人篆刻的创作提供了多样的借鉴范式。

商周时期甲骨文书契和随着青铜器铸造长期积累起来的深厚文字书法传统与造型技巧，是孕育古玺各方面艺术因素的历史渊源。先秦玺印在印文书法、构图中已经表现出对称、平衡、和谐及疏密欹正的形式美范畴的觉醒意识，这是丰富实践经验和形成专业化分工所带来的艺术升华，这是先民理想、智慧的物化，这是代表着中国印章艺术创作法则和审美规范历史演进方向的灿烂开篇。

先秦古玺见于著录，目前可见最早为宋王顺伯《汉晋印章图谱》收入的“千万”吉语玺。明代朱简提出“印始于商周”，并在《印经》中将古玺认定为“先秦以上印”，开启了认识、研究古玺的历史。今天研究篆刻、文字和书法的人们，对于古玺已并不陌生。

秦汉魏晋官私玺印

秦汉魏晋官私玺印是一个相对独立、逐步演进的动态体系。

◎篆刻是我国优秀的艺术形式之一，是文学、书法艺术和雕刻形式的有机结合，是中华民族优秀文化遗产的重要组成部分。

秦统一文字，并建立起不同于六国的比较规范的官印制度，玺印文字和制作风格随之出现重大变革。官私印采用所谓“秦书八体”之一的缪篆取代六国异文，构形以小篆为基本框架，体态趋于平正。普遍施用界格的方形、半通形印式是其时的特异标识之一。制作追求便捷，往往直接錾刻印文，构成篆法欹侧天然、线条凝练质直的艺术特色。秦代国祚短促，但汉晋官印体制和形式的基础由此奠定起来。

汉晋时期是中国古玺印发展的极盛时期。由于社会持续稳定和经济、文化的繁荣，玺印的社会应用极为广泛，促成制作工艺讲究美观精整。铸印是这一时期主要的技术手段，而缪篆书法更趋平方正直也是导致汉印端方严谨、平整而不失圆活风貌的重要因素。这一艺术规范成为中国印史上影响最为深远、最具代表性的风格类型，这是汉晋时期崇尚精谨和谐审美理想的表现。

汉初天下甫定，对于前代典制“因循而不革，明简易，随时宜”（《汉书·百官公卿表》），官印的形制风格既有因袭前代的方面，同时也渐开新境，秦的界格印形式不久即消退。景帝三年（前154）以后，中央政府集中秩四百石以上地方官吏的置除权，官印颁制的权力也相应收归中央，官印制作风格更为统一。武帝元狩四年（前119）和太初元年（前104），又诏令规范各等级官印的质料、形制和印文字数。汉代覆盖中央到地方、中原王朝到边远民

族不同层次、不同族别的官印制度从此基本稳定。它的内容是：中原王朝官印分为：（一）帝、后；（二）王侯、三公及郡国守、相、都尉等比二千石以上；（三）千石以下；（四）二百石以下官吏等主要等级。以玉、金、银、铜质及螭、龟、鼻（瓦）纽和方形、半通印作为体现差别的形制标识，再加上四字、五字官印和称“玺”、“章”、“印”自铭的不同规定，各个等级官印的颁制标准相当明确。这一制度也为魏晋南北朝时期所基本遵循。

私印的风格受到官印的影响，其工艺精诣程度尤甚于官印。由于私印出自不同的作坊，也不受定制的约束，故形式颇为清新多样，印形、大小不拘一格。印文书体除缪篆之外间有使用鸟虫书的，这在汉代的玉印中最为多见。鸟虫书印飞动流转，妍丽优美，具有浓重的装饰效果，与庄重宽博的汉代印风主流形成强烈对比。汉代玉印多呈流美清丽风貌；出于铸造的私印丰润浑厚；肖形印图像广泛涉及自然与社会的各个方面，表现手法抽象简洁；吉语印作为私印的一部分，多制作为便于佩携的两面穿带式，其功能当与取吉祈祥的观念有关；东汉最为流行的朱白文相间私印，注重虚实的平衡，以取得协调的视觉效果。这些都体现了汉代印工巧妙的艺术构思。因此，汉晋玺印就其艺术方面而言，是一个多侧面的风格体系。

高度成熟深厚的艺术积淀，往往具有顽强的后续影响。魏晋官私印仍因循前朝遗制，但篆法逐渐走向方峻平实。朱文套印的增多是此期的显著特色。晋室南渡以后，社会处于激烈变动之中，文化艺术领域出现地域、民族等各种新因素的融合；北方先后形成的十六国和北朝政权更迭频繁，这些因素和文字书法风格的形变相互作用，印章制作急剧转向粗犷草率。这一时期，大量直接凿刻的所谓“急就章”，突破了工稳端庄的汉印程序，印形也多参差，其印文奇崛跌宕，刀法猛利恣肆，构图率真奔放，呈现乱头粗服的风范。从印章艺术风格发展的视角来看，这一类形式与工致谨严的汉印相映成趣，成为秦汉印系中风格鲜明的又一品类。

这样，以秦印逐渐趋向平正为起点，经两汉臻于极致，至东晋南北朝复又走出平正，延续八百年的秦汉规范完成了自身风格演变的全过程。当此之时，印章使用方式正由封泥时代过渡到钤朱时代，在获得新的发展条件之后，中国古玺印史便转入了隋唐印系的新阶段。

唐宋印风与明清之际的篆刻

中国玺印的社会应用，至隋唐发生了重大变化。实行了一千多年的官吏印为主的体制转为官署印体制，由此缩减了官印的铸造规模。私印的使用在南北朝时期也相应处于消歇状态。战国、汉晋一度繁荣的印章制作工艺至此明显萎缩。

隋唐承接北齐、北周已经出现的“隐起篆书”（朱文）和印形增大的趋势，重建官印的规格标准。采用铸造朱文小篆体式，以适应钤印于纸的醒目效果。由于官署印不再佩系，印材、纽式方面的等级标识趋于弱化，渐次代之以“宝”、“记”、“朱记”等自铭。

隋唐时期官印文字布局疏朗，体态稚拙。北宋以后因循唐制而印文渐为绵密，印边加粗，更具庄重威严的气象，至南宋、金、元，官印已完全形成九叠篆的体势。明清时期，玉箸篆、九叠篆、柳叶篆分别成为官印的等级标识之一，古代官印的艺术意趣终于为规格化的制作习尚所置换。

唐、五代及北宋时期一部分军职及较低等级的文官印称为“朱记”，印形多取长方形，文字使用楷、隶书，风格简朴清新，成为宋元时期流行的楷书私印的滥觞。

北方民族建立的辽、西夏、金、元诸朝，以自创的文字仿造中原王朝的模式制作官印，是隋唐印系的一个分支。清代官印出现了满、汉两种文字对照的形式，更为适应当时社会的需要。

受到官印改革的影响，唐代以后的私印也出现了新的形态。宫廷收藏印记、文人书画创作和书简往来中使用印章渐次流行。随着两宋都市商业的繁荣，进一步扩展了印记在民间交换和契约中的用途。私印在宋元时期重新获得了发展空间。

◎篆刻是我国优秀的艺术形式之一，是文学、书法艺术和雕刻形式的有机结合，是中华民族优秀文化遗产的重要组成部分。

宋元私印遗存丰富，包括姓名与别号印、鉴藏印、斋室印、词语印、吉语印、书柬封缄印和花押等品类，用途十分广泛。楷书多用于姓氏印记，元代八思巴字与汉字相间的私印也多使用楷书，风格清新淳朴，是印史上独特的一翼。

伴随宋代金石学兴起而出现的收藏古印、集辑玺印谱录的风气，是催生文人篆刻艺术的重要条件。一些文人介入了自用印章的创作（篆稿），并积极地拓展印章的艺术功能和文化内涵，为文人篆刻的兴起奠定了重要的条件。

明代中叶以后，石章更多地被应用于篆刻创作，在金陵、苏州、徽州等地首先形成了以文彭、何震为代表的篆刻流派，一时从者如流，蔚然成风。

文彭诗文、书法俱传自其父文徵明，早期亲篆牙章假手他人镌刻，稍后采用青田冻石创作，有倡导风气之功。他的刀法仍受宋元印风影响，工致平整，清雅不俗。由于他在当时的地位和开创新法的名声，陈万言、李流芳、归昌世、顾听等人都以文彭印法为典范。以他为主的流派被朱简列为“三桥派”。

何震初受文彭影响，后取资汉印、古玺，印风自开新境。何震作品刀法雄健猛利，样式力求变化，具有树帜印坛的巨大影响。朱简《印经》中列沈野、吴考叔、刘卫卿、梁袠、胡正言等十三人为“雪渔派”。

晚明印坛创作活跃，在文、何以外，别立营垒的名家为数不少。魏植、苏宣、赵宧光、甘旸、朱简、汪关等，都在当时享有盛名，印风各具特色。

文、何流派在清初仍有很高的地位。汪关一路典雅妍美的作风经其子汪泓的播扬，在当时形成了古典主义流派。沈世和、林皋传承其衣钵，余脉绵延至近代。同时的吴晋、程邃和许容各自张扬个性，技法均有创意，分别为后人目为“莆田派”、“歙派”和“如皋派”。以工整古雅见长的沈凤和印风倾向率真自然的陈炼等人都是清代中期江南地区有实力的印家。扬州画派中兼善篆刻的高凤翰、汪士慎、高翔和以王睿章为代表的云间派，也是令人瞩目的新的印人群体。至此，文人篆刻流派的地域范围进一步展延，风格的发展空间更为广阔，文人篆刻艺术转入了更为兴盛的新阶段。

“西泠四家”的印风

清代中期，朴学隆兴，金石文字资料的藏辑、考证蔚然成风。一些鉴赏家、金石家对古印的认识也较前代更为深入，直师秦汉，追求质朴趣味的创作观念冲击着笼罩印坛已久的文、何遗风，同时也对“两浙久沿林鹤田派”（汪启淑《续印人传》）过于讲究工巧细腻和形式华美的习尚提出了变革的呼唤。这是鉴赏理念转换的必然趋势。西泠印派（浙派）的形成，正是这种趋势的反映。

丁敬是浙派的开山之人，字敬身，号砚林、钝丁、丁居士、龙泓山人、砚林外史等，一生隐于市廛，“曾举丙辰鸿博，不就”（钱林《文献征存录》）。他攻篆刻可能年岁稍后，现存丁印有年款可考的始于四十六岁。传世印作约为二百五十余件，实物收藏以上海博物馆为大宗。

丁敬的篆刻，取法不拘一格，于秦汉、宋元玺印的传统典范和朱简的刀法都有深入的体验接纳，并融入自己的特质，因而他的印作技法既新，形式也颇丰富。丁敬篆刻，印文多尚方正简古的缪篆，间以小篆、古文的体式适应不同印式的变化；刀法以朱简的碎刀法为本，强化切刻的效果，表现苍茫、古拙意趣的切刀法，由此形成浙派特具的风格。他所创的单刀切刻边款，简洁便捷，为后世印人承袭。对于印作的构图，追求平淡自然的主旨，这些因素构成了恬静悠远、超脱尘俗的山林气象。时人汪启淑评他 “古拗峭折，直追秦汉，于主臣、啸民外另树一帜”，一时浙东印人争相效法。他和另外的杭州籍印人蒋仁、黄易、奚冈及陈豫钟、陈鸿寿、赵之琛、钱松为代表的西泠前、后四家，在清代印坛支脉延续一百余年，成为清代印坛上最负盛名的篆刻流派。

蒋仁是继丁敬而起的浙派中坚，原名泰，字阶平，号山堂、吉罗居士、女床山民等。诗、书、画皆工，一生贫寒，恬然自处。

印法得丁敬亲授，风格高逸静穆，洗练淡泊。又生性孤冷耿介，素少为人奏刀，传世印作较少。从其所作的“逢元之印”、“真水无香”等印中可以看到，他的刀法工稳沉静，含蓄内敛，特具禅意，足以与丁敬相颉颃。他的创作不以形式矜奇，故赵之谦评为“山堂九拙而孕一巧”，“蒋山堂印在诸家外自辟蹊径，神至处龙泓且不如”（《书扬州吴让之印谱》），是很有见地的。

黄易，字大易，号小松、秋庵，别署秋庵景主、散花滩人、莲宗弟子等。诗文出于家学，并善书画，于碑刻鉴别考证不遗余力。所交阮元、翁方纲、王昶、孙星衍等皆一代金石大家。早年习篆刻，二十岁前后所作已深入丁敬堂奥，篆法、刀法驾轻就熟，这也得力于他篆隶书法的深厚功底。黄易印作早年刀法稍见明快简洁，中年以后渐用短切之法，线条凝练深厚。构图崇尚汉印形式，庄重端方，平和典雅。黄氏的楷、隶书边款工致谨严，具有秀雅的气韵，在西泠诸家中独树一帜。他的友人何元锡当时曾说：“黄小松司马篆刻得丁龙泓征君授受，有透纲出蓝之妙。”（《金石癖》观款）

黄易印作以何元锡、何澍集拓本《西泠四家印谱》所录为最著称。另见郑文焯旧藏裱本一册，存印一百六十余方，有黄易楷书注跋数则，当为黄易自存底本，创作年限在四十八岁至五十岁前后，可见他中晚年刻印为数不少。

◎篆刻是我国优秀的艺术形式之一，是文学、书法艺术和雕刻形式的有机结合，是中华民族优秀文化遗产的重要组成部分。

奚冈篆刻虽传丁敬之法，但以秀逸见长，构图风格近于黄易，用刀方圆兼能，稳健挺秀，镌刻圆朱文“龙尾山房”、“两般秋雨庵”等皆圆润柔和，浑然一体，可窥见其别具匠心之处。奚冈又长于诗词、书法，山水、花卉尤为世人所重。其篆刻遗存不多。

奚冈与丁敬、蒋仁皆一生布衣，闲云野鹤的性情，在他们的作品中透露出自由平和、冷峻苍凉的气象，与此际印坛甜俗巧饰的风格有着霄壤之别。他们及同时师法丁敬的张燕昌、董洵、项朝藁等人，与后四家一派相传，推波助澜，令中国文人的篆刻风格主流出现了前所未有的新气象。

晚清浙派与其他

浙派一脉，延续至清嘉庆、道光以下仍然方兴未艾。以陈豫钟、陈鸿寿、赵之琛、钱松为代表的浙宗后劲纷纷接步丁敬，各擅胜场，成为晚清江南印坛的半壁河山。

后期浙派的风格演化，总的趋势是转向技法精熟，风格稳定。

陈豫钟（号秋堂）的书法篆刻，与陈鸿寿（号曼生）并称“钱塘二陈”。秋堂曾得黄易亲授，作品章法工稳含和，客观上成为西泠前、后四家风格的过渡型。他所作的边款精细端严，法度井然，不仅在当时享有盛誉，而且在印史上独树一帜，为陈鸿

寿、赵之琛等人所效法。曼生与秋堂相交二十余年，“两心相映，终无闲言”（《问梅消息》陈豫钟跋款）。秋堂并认为陈曼生篆刻“一种英迈之气余所不及”。同时的浙派印家郭麟评价两人：“大抵秋堂绵密，谨于法度；曼生跌宕自喜，然未尝度越矩矱。”（《补罗迦室印谱序》）也是很中肯的看法。曼生用刀雄健清峻，顿挫分明，对晚清浙派诸子的影响很大。

赵之琛，字次闲，号献父，别署宝月山人。师从陈豫钟，与陈鸿寿的交谊也在师友之间，故刀法及边款风格更多吸收曼生的因素，犀利遒劲，较前四家简洁爽利而稍逊质朴。他的印文形式比较稳定，技法极为娴熟，这与他一生勤于治印，创作数量丰富有关。

西泠后四家之一的钱松（字叔盖），印风具有异峰突起的意义。他曾手摹汉印两千方，功力深厚，心手两忘，回归质拙古朴的境界。钱松篆刻多删繁就简，风格憨厚；运刀入石轻浅，以切、削之法缓慢推行，取得凝练、滋厚、含蓄的效果，更强化了苍凉绝俗的气氛，是继丁、蒋、黄、奚以后面目焕然一新的印人。魏稼孙曾评曰：“余于近日印刻中最服膺者莫如叔盖钱先生。”（《钱叔盖印谱》跋）钱松的挚友、书画家胡震印法受钱氏启迪，亦以朴茂敦厚见长。

晚清浙派诸名手多有互相切磋之谊，如郭麟与陈鸿寿、高塏，屠倬与陈豫钟，陈鸿寿与何元锡、孙均、吴文徵之间，都有往还或作品酬答，渐次形成阵容可观的印人群体。印风互相渗透，影响也渐扩展到杭州以外的嘉兴、太仓、江都、吴江、嘉定等地，浙派作家已不仅限于早期的地域范围。张燕昌、项朝藁两人，技法分别受丁敬、蒋仁浸润，但均有个性。张镠、徐楙、高日浚、赵懿、汪鸿、王应绶、达受、程庭鹭、张辛、严坤、江尊、孙三锡、陈祖望、杨与泰等印家也都是后期浙派名手。他们的共同特征是：章法稳健，用刀崇尚陈鸿寿、赵之琛的猛利苍劲作风而较少新意，遂使浙派至近代由盛而渐转颓势。

晚清时期邓派传人吴咨、王尔度谨守邓氏遗规，朱白文皆工谨雅致、委婉圆润。如皋派的殿军人物黄学圮也不随流俗，依然古风。清初以降，一些以书法创作、金石考据名世而兼善治印的人物在印坛颇受瞩目，如毕星海、项怀述、钱善扬、文鼎、曹世模等都能自出机杼，印风特立独行。他们的介入，使清代印人的结构更趋多元，篆刻创作的风貌也随之呈现丰富多彩、争奇斗妍的时代特征。

邓石如、吴熙载的篆刻

作为一个庶民艺术家，邓石如（号完白山人）在当时首先取得巨大影响的是他的篆隶书法。但是随着历史距离的拉开，人们愈益认识到他的篆刻对于艺术史的重大意义。

邓石如早年随父亲木斋先生习篆刻及隶篆书。他三十四岁前所作、收入《飞鸿堂印谱》的“灵石山长”、“印禅居士”等作品，已见篆法的功底和不囿陈法的性格。约在三十六岁到四十岁期间，他自怀宁出游歙县、扬州、金陵、杭州等地，先后与书画家程瑶田、梅镠、金榜等人游。他临习“秦相唐监书，复有一日千里之效”（梅镠题赠邓石如书款语），同时追摹徽派前辈的印作，像“被明月兮佩宝璐，驾青虬兮骖白螭”即是摹自梁袠的作品，“聊浮游以逍遥”则脱胎于何震原作。他稍后创作的“淫读古文甘闻异言”、“江流有声断岸千尺”以及四十六岁以后在京师为罗聘所刻的一批作品，都是在吸收何震、梁袠一派强健的风貌后糅合了浑厚率真的个性因素，走刀如笔，不拘不板，篆法灵动、洒脱，刚健婀娜的风格已经形成，达到了其一生创作的高峰。

邓石如以他个性化的、掺和汉碑额笔法的小篆入印，开拓了“印外求印”的新路，强化了篆刻艺术中笔与刀的抒情性，重申了文人篆刻的本质。他的“常计白以当黑，奇趣乃出”的美学主张，是贯穿于随书法之势而生发的布局过程间的，因而进入了“天然去雕饰”的意境。

吴熙载与邓石如并不同籍，他是由师从包世臣获窥邓氏堂奥的。被包世臣列为“当朝篆隶神品”的仅邓氏一人，这一点对

◎篆刻是我国优秀的艺术形式之一，是文学、书法艺术和雕刻形式的有机结合，是中华民族优秀文化遗产的重要组成部分。

吴熙载不能不产生刻骨铭心的影响。同时，维扬一带邓氏的遗风是深厚的。吴氏曾自述十五岁后悉心摹仿汉印及近代名工十年，二十多岁后“始见完白山人作，尽弃其学而学之”。从目前发现的吴氏最早的作品“卜生畲”（二十四岁刻）来看，师法邓石如的格调已经奠定，邓氏以书入印的艺术观从此体现在他一生的创作之中。

吴氏刻印主张表现书法的自然体势，“以老实为正”，视“让头舒足为多事”，不屑于对形式的刻意经营，突出了邓派的特征。他的运刀更为轻浅爽利，在圆转流动中见刀见笔，方圆、藏露融合得恰如其分，因而宛如行云流水而兼得丰厚滋润。赵之谦曾颇有感触地说：“息心静气，乃得浑厚，近人能此者，扬州吴熙载一人而已。”（“会稽赵之谦字㧑叔”印款）

吴熙载“六十年刻印以万计”（《吴让之印存·自序》），晚年的作品更显得游刃恢恢，若无其事。秦汉印固有的模式，往往置之度外。从吴熙载印作原石上多见存有分隔印文位置的线痕，可知他是以刀代笔，直接落刀镌刻的，这也使得他的印作特具不雕不琢、一气呵成之势，非精熟于书法、刀法，曷克臻此?

邓石如印款字体变化较多，用刀借鉴歙派程邃，中年以后则以行书为主，浑厚凝重是其特色。吴熙载承其行草一路，以单刀为主使转顿挫，风格秀逸生动，在明清印史上也是独树一帜的。

邓石如的印风印法，在晚清形成了影响广泛的流派，吴熙载的推波助澜是至关重要的。吴昌硕曾坦诚地说过：“学完白不若取径让翁。”这是他的心得。事实上，他和徐三庚、赵之谦、黄士陵都受到过邓派的浸淫。邓派的地位由此得以在晚清时期与浙宗相颉颃，成为印坛健迈的后劲。

赵之谦、徐三庚的篆刻

徐三庚、赵之谦早年所经历的探索道路有着惊人的相似之处。他们都是浙籍印人，生活在浙派印风笼罩的时代，两人都是在经历了由浙而邓的取法过程后渐创新体的。但由于各自秉性和后来融合的因素不同，因此也最终构成了他们的篆刻艺术不同的骨格和神韵。

在少年时代习读经史的同时，赵之谦便开始了最初的翰墨生涯，随后即醉心于金石碑版的研讨和铁笔丹青的耕耘。他曾自述“十七岁始为金石之学”（《补寰宇访碑录·记》），同时大约也开始了学印的历程，从他二十四岁时所作的“躬耻”、“理得心安”来看，研习篆刻显然已非一日之寒。沉浸于浙派的努力使他领悟了严谨正统的技法规范，如“益甫手段”、“赵之谦印”（二十六岁作），可以说是中规中矩，不越雷池。渐次，在悉心搜集秦汉印蜕和研读古谱的过程中，他又取精用宏，吸纳汉印的神理。大致在三十五岁前，他的篆刻作品处于艺术上吸收和融

◎篆刻是我国优秀的艺术形式之一，是文学、书法艺术和雕刻形式的有机结合，是中华民族优秀文化遗产的重要组成部分。

通时期，黄易、陈豫钟、陈鸿寿、赵之琛等人所具有的灵变、深厚、爽劲等不同特征，以及汉印的淳古大气和邓派的圆转流美，都在此期作品上留下深深的烙印。

邓石如书法魅力及其在晚清的巨大影响，也深深地感染了赵之谦。在他的篆书深入邓氏堂奥的同时，印风也转向邓派。在三十岁前所作“陶山避客”款中，他自许“学完白山人作，此种在近日已如绝响”，不无得意之中透露了他此时对邓派的崇尚。这一时期，其作品中朱文多步趋邓石如，用刀技法也渐脱浙派圭角峭露的风貌。

同治二年（1863），赵之谦到京师，是年三十五岁。这是他篆刻艺术生涯的一个重大转折点。在京的两年时间里，他广泛接触收藏家，悉心钩稽金石碑版文字，并在创作中时时表现出权量、诏版、钱币、镜铭、碑额、瓦当等金石遗物给予他的艺术灵感和取资变化的激情。这一时期他的印式多变，既讲究古典，又勇于变革，篆法注重虚实对比，刀法追求自然简练而不失质朴，创造了许多富有发展空间的新形式，实践了他“印外求印”、“为六百年来摹印家立一门户”的探索。自此直到四十四岁时基本封刀，他的创作风格大致如此。

由于赵之谦过早中辍了篆刻生涯，目前所能收集到的印蜕不足四百件。但他以一个金石家、书画家的审美理想开拓的篆刻变法路径，为近代印人的风格创新提供了重要启迪。

徐三庚青年时代服膺丁敬、黄易，浙派对他的渗透极深，大致四十岁以前的作品，陈鸿寿、赵之琛的风貌占了主要方面，以至于一生未脱离切刀刻印的技法。

以书入印是晚清以来印坛大家的方便法门。徐三庚在取法浙派刀法的同时，篆书却接踵邓石如的体势和笔法，并逐渐参入《天发神谶碑》、《华山碑额》、《韩仁铭额》的结构意态，通过融会变通，形成了中宫收束、上密下疏、左右垂曳的书法风格。飘逸婀娜、流转生动的风姿在印文中逐渐体现出来同样是在青年时期，如“风流不数杜分司”（二十九岁作）等朱文印，结体和布局已具自家面目。浙派风格则更多地保留在他的白文印中，而两者最终并轨合辙，形成他独立的印法，是在中年以后。

徐三庚的新体，突破平方正直的白文印程式，以书法的自然体势为布局法则，朱、白文印均以表现灵动圆转、恣媚绰约的书法特征为宗旨，是继邓石如、吴熙载之后更为大胆的探索。加上他的用刀擒纵自如，迟涩苍莽，富有笔情刀意，在当时印人中是别开生面的。他的视野很宽，许多小印参合了古玺、汉印、封泥和宋元朱文，而能以自己的刀笔情致一以贯之，走出了一条尚古求变、通古求变的道路。

徐氏晚年的部分作品，过分强求自我书风的开合展蹙，忽视

◎篆刻是我国优秀的艺术形式之一，是文学、书法艺术和雕刻形式的有机结合，是中华民族优秀文化遗产的重要组成部分。

了印文书法与印章形式规律之间的矛盾，有的朱文印用刀也失之纤薄，这是他的未及之处。

徐三庚青年时代离开家乡，鬻艺为生，足迹遍及大江南北，其中在上海居留最久，因此也结交许多金石家和海上画坛的诸多大家。他和赵之谦、吴昌硕一样，是晚清时期对中日两国印坛产生突出影响的篆刻大家。

吴昌硕篆刻的创变

吴昌硕所处的晚清时期，由于乾嘉以来金石文字学发展所提供的客观条件和文化领域新思潮的涌动，传统艺术的创作观念正酝酿着个性解放的变革。就篆刻而言，明清以来的地域性流派的束缚逐渐弱化，旧有的风格、技法在江南地区再次发生新的交融、组合和撞击，艺术家个性、经历的不同和传承、取法诸方面的差异，更多地在作品风格中得到大胆的张扬，从而出现了创作形态的多元化。在这一艺术新格局中，吴昌硕是以具有古典灵魂的写意派人物完成他的历史定位的。

吴昌硕的篆刻风格，首先源于他的书法个性化。他由早年临写《峄山碑》到后来主攻石鼓文，为印风的最终形成奠定了基调。从“印内求印”方面来说，约略二十至四十岁前，是他广泛涉猎的阶段，这一阶段的前期主要借鉴了陈鸿寿、赵之琛一路后续浙派的技法，同时也受到以《飞鸿堂印谱》为代表的清中期篆刻风气的影响。后期，他常往来于苏、沪、杭，拜师俞樾并先后结交杨岘、任伯年、潘祖荫、吴云、吴大澂、郑文焯等金石、书画家和鉴藏家，视野进一步开阔，篆刻的取法转向邓石如、吴熙载、徐三庚甚至赵之谦诸家，并进而直追古玺、汉印，因而这一时期他的印作形式和风格变化十分活跃。

从四十四岁起，吴昌硕定居上海，而后他的书、画、篆刻艺术创作生涯主要是在上海度过的。当此之时，吴昌硕的创作开始转入成熟和稳定的阶段。他是一个早熟的印人，像“破荷亭”、“汉阳关棠”、“泰山残石楼”、“中原书丐”等作品都可见其特色。在创作中，他对金文、石鼓文、小篆、汉印文字运用自如，随意生发，印文气势恢弘中见圆活，并与古玺、汉印、封泥等形式自然地结合起来。在用刀上，特别注重笔意与刀意的表现，融合浙派、邓石如派的冲、切刀法，一如他自己所说的“刀拙锋锐”。在布局上，吴昌硕印风成熟期的作品，尤其强化虚实的关系，引入近代艺术审美的新理念，突出书法的体态意味，将两者协调得极为完美，使印作的构图形式变化迭出。吴昌硕利用印文的疏密、线条和印边的粗细变化，并且辅以独特的残破手法，着力增强印作的朱白对比效果和古朴气氛，这在明清篆刻史上是前无古人的创作观念革新。

吴昌硕晚年的风格变化，大略可以六十岁左右作为分野。他

◎篆刻是我国优秀的艺术形式之一，是文学、书法艺术和雕刻形式的有机结合，是中华民族优秀文化遗产的重要组成部分。

七十一岁时曾自述“余不弄石已十余稔（年）”，依此上溯，即为六十岁前后。由于“病臂”的原因，他亲自奏刀的作品较此前逐渐减少，所作也渐多大印，风格出现了一些新的特色。从他的“园丁生于梅洞长于竹洞”（六十三岁作）、“吴昌硕大聋”（七十四岁作）等晚年代表印作可以看出，此期印文和布局更为纵横捭阖、奇恣开阔，运刀趋向凝重沉稳，可以说进入了心手两忘的境界。

不能否认，吴昌硕晚年印作中有一部分系由他设计、篆书后交别人代刀的，但这些作品最后仍经昌硕老人亲自修葺润色并刻款，故而与他一手完成的作品难分轩轾，由此也反映了他一以贯之的严谨作风和旺盛的艺术生命力。.

吴昌硕最晚的印作，就目前所见，为八十岁时为康有为刻的“天游堂”。如果从创作《朴巢印存》算起，他的刻印生涯延续达六十多年。高古雄浑的审美境界、深厚丰富的艺术内涵、强烈鲜明的技法风格，使吴昌硕成为近代影响最为巨大的篆刻大师。他的印作、印风以及创作思路至今仍然震撼着印坛。

晚清至民国的篆刻家群体

晚清至民国的篆刻家谱系纷繁，随着浙、沪、粤、京等地经济文化地位的提升，不仅成为孕育原住民众中艺术人才的沃土，同时也对众多客籍书画家、印人产生了强烈的吸附力，连同人文

渊源悠长的山左和昔日繁华犹存的扬州、苏州地区，构筑起延续一百多年书画篆刻家高手荟集、各擅胜场的艺术大舞台。作为初期文人篆刻主干的徽籍印家至此已无复旧时风光，明代以来印风发展的主流也因此实现了又一重大的转变。

19世纪中叶至20世纪中叶的印坛，承受浙派、邓派余绪的影响是一个明显的特征。达受、江尊、严坤、华复等人都是恪守浙宗的印家。钟以敬、陈雷以赵之琛刀法为本，兼师徐三庚，在猛利苍劲中又见擒纵自如的风神。西泠印社元老吴隐、叶为铭、高时显、丁仁、王禔等人，印风亦深受熏染，而后丁、王二家又渐辟新路。浙派篆刻作为西泠地域文化传统和在群体上保持两百余年强势的印风派系，至民国时期成为最后的一抹辉光。

邓派印风，除了由吴熙载、吴祥初父子，吴咨，王尔度以及邓氏哲嗣邓传密等人承绪而续焰不绝以外，更广泛的意义在于为赵之谦、吴昌硕、黄士陵等一批在晚清及民国时期开创新风人物的艺术变革提供了具有很大延展性的平台。赵之谦、吴昌硕、黄士陵三家因其风格的鲜明高古、不同凡响，随即形成一时风从、各立营垒的局面。赵氏门人钱式、朱志复虽如流星般稍纵即逝，但秉承师法，风格一以贯之。童大年、赵叔孺私淑㧑叔（赵之谦），旁参秦汉，以儒雅纯正风貌树帜沪渎，尤占天时地利。陈巨来、方介堪、张鲁庵、陶寿伯、叶潞渊等弟子薪传叔孺，播誉海上，成为民国江南印坛的劲旅。吴昌硕一派，印风苍茫雄健，与赵氏阵线分明。除其子吴涵继承衣钵外，尚有徐新周、王大炘、赵石、陈衡恪、钱厓、来楚生等，或列为门墙，或心摹手追，皆成就斐然。尤其如赵石、钱厓、来楚生三家，师心而不蹈迹，各张缶翁（吴昌硕）一翼，凸显个人面目，对现当代篆刻产生了强烈的渗透。邓散木踵事增华，对赵石的封泥印法再加提炼，风格更为显著，遂使虞山派名噪一时。粗犷写意、率真雄强审美观念的滋长是清末民国印风的表现之一。齐白石的出现，则将这一风气推向了当时社会审美观念所能接纳的极限。齐氏虽初习赵撝叔，但并未就范，而是独辟蹊径，以纵横恣肆的篆法和痛快淋漓的单刀冲刻营造强悍猛利的“急就章”风格，表现出深具震撼力的视觉效果，对现代印坛创作观念冲击不小。

黄士陵被目为黟山派的初创者，但实际影响却在岭南。他长期客居广州，结交吴大澂、端方、张之洞等酷嗜金石文字的收藏家，在早年学习浙、邓技法的基础上，参以三代秦汉吉金文字，印风陡然一变，形成章法平中寓奇，用刀流利洁净的，具有改良色彩的古典主义风格。师承者有其子黄少牧及李尹桑、邓尔雅、寿石工、乔曾劬等人，前后呼应，遂使黟山一派至今余音不绝。易孺亦问业于黄士陵，但旋而专攻古玺，刀法崇尚古朴，终于分道扬镳。

胡钁、胡传湘父子的出现虽不如黄士陵那样具有衍为流派的意义，但其平正疏朗、刀法藏锋的含蓄简古风貌却有超然尘寰的意趣，是晚清别具一格的大家。“但开风气不为师”，毗陵印家赵穆以及翁大年、何昆玉、王石经、吴大澂、罗振玉、罗福颐等一批金石家的创作心态也大都如此。作为乾嘉以来金石文字学家群体的印作，更多地被视为注经证史以外的余事，往往自守于“与古为徒”的象牙之塔，置时风于度外，作品以纯正古典为尚，不逾秦汉矩度。他们所守望的宁静致远、波澜不兴的审美理想，在今天仍然拥有广泛的知音。审美需求的多样化和创作风格的多样化，是篆刻艺术发展进入更为自觉阶段的必然表现。

（本文原名《中国印史简述》，收录于《可斋论印新稿》，上海辞书出版社2003年版）

篆刻艺术与西泠印社

刘江

篆刻是我国的优秀文化遗产之一。早在三千多年前的殷商时代就已有印章的使用，最初多运用在陶制品上，即由陶拍衍化而出，有一二字或三四字，或用简单的图画拍打在陶器坯胎上，作为制作者的一种标志。春秋战国以后，由于文字的进化，其印章多用篆文，民间、商务等交往以此作为诚信凭证用，官方则作

◎篆刻是我国优秀的艺术形式之一，是文学、书法艺术和雕刻形式的有机结合，是中华民族优秀文化遗产的重要组成部分。

为官职的标记、权威的象征。随着时代的进步、文化的普及与提高，制作工艺更为精致，在广泛使用的基础上，人们对其艺术性也益求完美，因此，印章的功能既有实用价值，同时也具有艺术的审美价值。到了汉代以后，还传播到日本、朝鲜、越南等邻国，为其所用。元明时，不少文人参与其事，从实用的姓名印等扩大到用诗文佳句入印，篆文亦采用多种，如籀文、秦篆、缪篆等，逐渐发展成不同风格的独特的篆刻艺术。明清以后，艺术性追求特盛，形成各种不同流派，尤其是与诗、书、画、印的结合，用处更为广泛，如书画作品中增加的引首章、别号章、斋馆印、压脚印等，其形式有大小、长短、方圆等变化，不仅丰富了画面的形式，由于艺术的通感，内容的多样，更增强了篆刻作品的内涵与趣韵。同时，关于篆刻艺术的形成历史、艺术特征等文章亦相继问世，促使印艺更为丰富，逐渐发展成为一种东方特有的独立的艺术种类。海外印人有相继来学者，亦有聘请出国传艺者。民间研习印艺的社团亦随之诞生，求师拜艺、设馆授徒、公开展览……在篆刻这一领域形成一种蓬勃气象。

篆刻艺术的特性，可从三方面来审视：

一、从表达的内容来看。过去多是各级政权机关的官印和民间流行的姓名、商号等私印。宋元以后直至今日的闲章（或称“艺术章”），凡中国传统文化的积淀，如修身、治学、处世等

各个方面的诗文和名言警句等都有所表现。印文言简意赅、高度浓缩、寓意深邃，使人见之不忘，时时萦绕心中。

二、从形式来看。不管外表形式方圆大小长短，多仅在方寸之间，可以传达出古代金石文字线条、结构的书法之美（故有称此为“金石篆刻”的），表现印面各字之间揖让、舒展、呼应的团结和谐的章法及贯注作者思想感情与艺术修养的刀法之趣与韵。明清以降，边款也渐成为与印面密切相关的形式，它是集中了文学、书法、章法、刀法，有时还有图画的综合体，与印面相得益彰。

三、从艺术表现效果的根基来看。一件成功的篆刻作品的作者，除了字法、书法、章法、刀法等基本知识与娴熟的技巧外，还必须具有一定的中国传统文化修养，如文学、文字学、金石学、艺术学以及书法、绘画的基本功与修养等。印外功夫越高，其艺术成就可能越高。如邓石如书法四体皆擅长，有“国朝第一”之称，他“以书入印”，开“婀娜多姿”之邓派；赵之谦、吴昌硕诗、书、画、印四全，赵取汉金文、吴参石鼓书入印，自开一面，享誉印坛，影响海内外。

由于不同作者自身艺术修养的高低、个性的差异、调动与使用内容与形式的能力不同，从而形成各种不同的艺术风貌。有的魄力雄强、气势磅礴；有的娴静柔美、温润清秀；有的刚柔相济、情味典雅……各具神采。一件优秀的篆刻艺术作品，不仅表

◎篆刻是我国优秀的艺术形式之一，是文学、书法艺术和雕刻形式的有机结合，是中华民族优秀文化遗产的重要组成部分。

达作者的个性特征，同时还体现出民族文化的特质及一个时代的精神，故常见有评篆刻艺术“方寸之间，气象万千”的赞语。可以说篆刻是我国优秀的艺术形式之一，是文学、书法艺术和雕刻的有机结合，是中华民族优秀文化遗产的重要组成部分，是祖国艺术宝库中的瑰宝，是世界艺术品类中一颗灿烂的明珠。

西泠印社的创立，使篆刻艺术的发展如顺风加帆。

西泠印社创立于1904年，她以“保存金石，研究印学”为宗旨，迄今已有一百余年的历史。印社成立后，团结在诗、书、画、印全能的艺术大师吴昌硕周围的海内外有成就印人，共同为弘扬中国特有的篆刻艺术而不时举行观摩、研讨、展览活动，出版历代名家印谱、印论，使传统印学艺术在20世纪上半世纪中、在民生凋敝的战乱中，仍能保持着旺盛的生命力，起到了应有的传承与推动作用。新中国建立后，在党和政府的关心支持下，在张宗祥、沙孟海、赵朴初、启功等各任社长的主持下，印社在篆刻创作、理论研究及社会活动中都表现得生机蓬勃，成果斐然。管理机关在形势发展中也不断充实扩大，相继成立西泠印社出版社、中国印学博物馆、西泠印社印学图书馆以及相关经济实体如艺术发展公司、拍卖公司等，社员不断扩大，遍及国内各大省市与东南亚、欧美等国，弘扬中国特有的艺术，影响越来越大，被海内外印人誉为“天下第一名社”。

西泠印社由于长期以来社领导与社员关系密切、对祖国传统艺术的深研与广泛的活动，从而形成一种精神，简而言之即是：独立的创新精神，执著的印学研究精神，强烈的爱国主义精神，爱社如家的奉献精神，团结奋进的精神。

西泠印社经百年积淀而成的这种精神，今后应继续发扬光大，

西泠印社前山石坊

◎篆刻是我国优秀的艺术形式之一，是文学、书法艺术和雕刻形式的有机结合，是中华民族优秀文化遗产的重要组成部分。

使精神变物质，如此循环，会使印社社员创作与印学研究更好更快地发展，同时也将影响与引领着、激励着印学界同仁昂首向前，为弘扬优秀传统文化 、推陈出新而努力。

2007年8月于杭州

西泠印社百年回眸

刘江

西泠印社自1904年成立，跨越三个时代，承继六任社长，迄今已有百年历史。

一个民间学术团体能生存百年，在中国似乎还没有第二个，也可说是中国文化史上的一个奇迹，一个亮点。她的成长旅程，经过了哪些波折、困难，又怎样克服，不断发展壮大？这些来之不易的经验与特点，倒是应好好回顾、总结一下，俾便今后印社能更健康地发展。

借鉴前贤，明其宗旨，创立印社

杭州是一座有着悠久历史的文化名城，西子湖是这座城市的一颗明珠，历代有不少文人雅士、英雄豪杰，如白居易、苏东坡、岳飞、于谦……在这里留下了光辉的事迹。同时，因着文化的滋养，也产生了不少著名的印人，如丁敬、蒋仁、黄易、奚冈、陈豫钟、陈鸿寿、钱松、赵之琛，形成了印学史上有名的

“西泠八家”，为篆刻艺术的发展作出了卓越的贡献。尤其是丁敬和钱松，在刀法、章法上开创了新的流派，把篆刻艺术推向了新的高峰。“天下名城，人杰地灵，数百年来，涌现的印人之多，可说是国内唯一的城市”（方去疾《九十年的变迁》）。

“清光绪间，杭郡文学诸长老探讨六书，研求篆刻，辄会于数峰阁。”（《西泠印社志稿·卷三》）这湖上宝地，早有“杭郡文学诸长老”聚会数峰阁谈论六书、篆刻等雅事，不久之后有年轻印人仿效前辈，亦在孤山畅谈篆刻之事，历时更久。

光绪三十年（1904）夏，叶铭（名为铭，字品三，号叶舟）与丁仁（字辅之，号鹤庐）等几位嗜印的年轻人常聚于西湖孤山人倚楼赏印。王禔（字维季，号福庵）当时虽不曾同住人倚楼，但他在曲院风荷附近学校执教，近在咫尺，因此也常来此研讨印学。大家在研讨印学的过程中，想到要把各自收藏的古今印章汇集成谱，俾便各存一册在手，取资借鉴，于是有创设印社之设想。时有绍兴吴隐（字石潜，号遁庵）闻之，积极支持，怂恿成社。

“昔乾嘉盛时，则有丁龙泓、金冬心、厉樊榭结吟社于先，钱叔盖、李节贻、释莲衣立解社于后……然而尚论前贤，未坠景行之志；盱衡当世，弥殷攻错之求，爰集石交，创兹印社。”（《西泠印社成立启》）

成立印社，不是一句空话，必须建筑在一定的物质基础上，

◎篆刻是我国优秀的艺术形式之一，是文学、书法艺术和雕刻形式的有机结合，是中华民族优秀文化遗产的重要组成部分。

还要物色印社的带头人、制订规约等，于是“叶子铭、吴子隐、丁子仁、王子寿禊会集湖滨，慨然有感印学之将湮没也，谋于西泠数峰阁之侧，辟地若干弓，筑茅三两室，风潇雨晦，乐石吉金，唯印是求，即以为社。社因地名，遂曰‘西泠’……推安吉吴缶翁长于社”（胡宗成《西泠印社记》）。

当时他们几人正值青壮年，叶铭三十八岁，吴隐三十七岁，王禔与丁仁都是二十五岁。虽然是一群名不见经传的印人，但他们都怀弘扬光大中华民族优秀传统文化的心愿，可能当时他们尚未意识到成立印社的历史意义和价值，但他们恐印学之湮没而决心奋发，这种锲而不舍的精神确为后来的印人树立了一个好榜样。

他们公推深孚众望的吴昌硕为社长，表现了为复兴印学不为私利所囿的高尚情操。同时，借助于缶老的号召力，也为贯彻“保存金石，研究印学”的宗旨，为开展印学研究活动，发展社员，提高印社学术影响创造了有利的条件。吴缶翁也是极表赞同成立印社的，他说：“书画既有社，印社之设，又曷可少哉？”（《西泠印社记》）

关于印社的宗旨，在《西泠印社成立启》中也有明确的阐述：“本社以保存金石，研究印学为宗旨”；“上自鼎彝碑碣，下至印玺泉刀，无不博采旁搜，藉资考古”。

关于研究印学，《社约》释：“本社以清初黄山诸家及西泠八

逸为最备，同人各有所藏，兹合议于每年春秋时，分别陈列社中，以资眼福，而助清兴”；“本社收藏各印，均分门别类，附拓旁款，精印成谱，如有同好，尽可到社索阅，藉获观摩之益”。

印社建立后，为了解历史，研究前辈印人的艺术，首先考虑建立仰贤亭。“越十载，印社诸君访求印人遗像，得二十有八，述其事迹系以传赞，按年次而编摹，求形容于仿佛，一堂济济，如对古人，洵孤屿之美谈、艺林之盛举也”。“叶君品三博考志乘，追纵往哲，题额曰‘仰贤’”（丁立中《仰贤亭记》）。印社早期社员在先贤精神的感召下，为弘扬中华传统文化，贯彻印社宗旨，振兴印学事业，付出了艰辛的努力，并为印社日后的发展奠定了基础。

以社为家的奉献精神

印社初创阶段，是严肃认真、艰苦朴实的。为了印社宗旨的实现，几个嗜印的好友聚在一起，多次商讨事项，分工落实，出钱出力，各尽所能，一步一个脚印地埋头苦干，以孤山数峰阁原址为中心，上下左右开拓，建成不少屋舍景点，作出了许多的业绩。综观开创者们的思想行为，归纳成一句话，就是爱社如家的奉献精神。

一、从建立馆舍看

建立馆舍，使印社有一个固定的活动场地，以便于收藏与

◎篆刻是我国优秀的艺术形式之一，是文学、书法艺术和雕刻形式的有机结合，是中华民族优秀文化遗产的重要组成部分。

西泠印社旧影

研究之用。据《西泠印社志稿·卷三》载：“光绪三十年甲辰（1904），于数峰阁旁，买地数弓，遂议醵资营建印社。按：印社之地，逐有增益，至癸酉（1933）春，《西泠印社三十周年纪念刊》所载，宅地执照中地积为五亩六分七厘八毫，盖迭次捐赠所积，遂有此数。”

印社从1905年至正式成立的1913年之间，由募捐、自捐聚资先后扩地修建仰贤亭、山川雨露图书室、石交亭、斯文窦、心心室、宝印山房、四照阁、剔藓亭、印泉等。

同时也有社员或社友捐地献房，以为社用，如1911年吴兴张均衡捐资建闲泉，湘阴李庸奉父命捐小盘谷……

于是印社来往印人、学士等络绎不绝，要求入社与愿赞助、捐献者不断。

经过十年的置地经营，“修启立约，招揽同志”，遂于1913年春月召开了一次兰亭纪念盛会，也是一年两次春秋雅集的扩大会。据张景星所撰《西泠印社同人录序》：“今年春，复就本社旧址，开兰亭纪念盛会，兼陈列书画精品。扢扬风雅，中外联欢，会者凡数百人，何其盛欤”。“仿晋永和修禊故事”，“彬彬秩秩，觞咏流连”（吴昌硕语）。当时有日本社员长尾甲及多位日籍友人出席此盛会。这次兰亭集会实是西泠印社十周年大会的先期议程，接着便是宣告印社的成立，通过《社约》，明确社名，宣布印社“保存金石，研究印学”的宗旨。

印社成立后，社址建设仍在不断进行。

1914年，吴昌硕在沪常聚会于题襟馆，“为避尘嚣，商于印社，就社中隙地建楼以为游息之所，曰‘隐闲’，亦号‘题襟馆’”。

1915年，吴隐“斥私财建遁庵、潜泉，举舍于社而不私”。

1919年，社友吴善庆捐建还朴精舍、鉴亭。1920年，吴善庆又捐建观乐楼。同年，丁仁得石捐造丁敬立像，吴熊舍资敬造弘一写经的阿弥陀经石幢。1924年，又有吴兴张钧衡捐资建凉堂，丁仁捐造邓石如大石雕立像于小龙泓洞前……以后又不断补修复建柏堂、竹阁、福连精舍、鸿雪径、规印崖、缶龛、华严经塔、三老石室……使印社范围内楼舍、亭阁与依山临湖的园林景色相互辉映，更趋完美，呈现一个具有中国特色、小巧玲珑的印社园林。这些景物的建成，是创始人及社员、社友精心规划而成，尤其是叶铭主其事，其表弟、土木建筑工程师吴寅每多参与设计、施工，劳绩甚多。西泠印社的园林景物深得后人景仰赞赏，园林专家陈从周在《西泠印社九十年·印社说景》一文中说："'面面有情，环水抱山山抱水；心心相印，因人传地地传人。'西泠印社观乐楼悬挂此联，细赏之，方悟印社选址之胜也。当为湖上园林之冠……至此益证明建社时主持者学养之深。社之景以阁为主，全园环此而筑，远眺近观，俯仰得之，耐人寻思。造园有天然景观，有人文景观，两者兼有者，湖上唯此而已，所谓高度文化之景区也，宜其永留不朽也。"

为此，西泠印社及园林先后被审定为浙江省与全国重点文物保护单位。

二、从"保存金石"看

社员爱社如家。早期在保存金石等文物方面有重大影响的事件，第一当属抢救了汉《三老碑》这件瑰宝。

清咸丰二年，余姚周世熊在自家园内掘得一方石碑，碑额已损缺，但碑文完好，经鉴定，是东汉建武年间的《三老讳字忌日碑》。这是浙江唯一发现的完整的汉碑，为国宝级文物，在俞曲园《春在堂随笔》、方若雨《校碑随笔》等多种碑志中均有著录。后周氏家败，毁于战火，此石幸存。六十年后，此碑被盗运至上海，当时有外国人以重价购得此碑，即将船运流往异域。

西泠印社汉三老石室题额

这一消息为浙人所得，焦急万分：浙江宝物，安可流失外邦？于是西泠印社在上海的社员吴昌硕、丁辅之等联合浙江同乡奔走相告，发起书、画、篆刻义卖，以筹集巨款，赎回此碑，不久即聚八千银元巨款赎之，运回杭州。

当时为赎碑而发布的募捐公启中提到：浙江汉碑极少，倘《三老碑》流失域外，实是中国人之耻辱。最后提出筹款办法：除浙籍官、商、绅捐助外，由吴昌硕、倪墨耕、何诗孙、陆廉夫、王一亭、商笙伯、高邕之、丁辅之、王福庵、吴石潜、叶叶舟等各捐书、画、印谱十件、古画三十件，举行义卖。

《三老碑》赎回后，印社择观乐楼左前侧隙地，筑三老石室而永保之。吴昌硕还专为此写了《汉三老石室记》，以志其事始末：“凡国人捐金赎碑六十五人，依汉石例署名氏于碑阴。”（《西泠印社志稿》）此事不仅为浙江挽回一件国宝级文物，更体现了西泠印社社员和社友的爱社、爱国精神。

另，印社先后收藏的金石类文物有：汉齐桓公吴王画像石刻、魏孝昌三年侯景明愔墓志铭、隋大业十二年羊孝仁本墓志铭、周萧遇墓志铭。

其他尚有唐徐处士故夫人墓志铭、唐回教回文小墓碑、宋冯宪等《砌街记》、宋杨公《参前碑》、宋石井栏刻字、宋十方庵界址石、元盛士《周塘志》以及明清多种墓志刻石。另有丰坊草书《怀素自序帖跋》、乾隆御笔《龙井诗碑》、梁同书《六一泉三堂祠记》等二十件，以及汉、宋、明有字砖、买地砖券等多种。还有岳飞书《洗马赋》刻石九件、丁敬行书《致罗聘》刻石、《砚林诗墨》三卷刻石、金冬心书《金刚经》刻石、周承德书华严经塔刻石、弘一和尚书阿弥陀经幢，等等。

三、从研究印学的资料看

研究印学的基本资料，一是金石实物与拓片，如钟鼎彝器、泉币权镜等和历代玺印，历代碑、碣、砖、瓦等。二是将此收集整理成册的拓本与有关文字资料，如印谱、图集等。若扩大一些，则有关金石与印学的人、史、物或旁及人的诗、书、画、文等相关资料亦包括在内。因这些材料实是研究印学的第一手资料。另为与印学研究有关的著述。

西泠印社创办初期，即十分重视第一手实物或拓片等的收集

与汇总，社员也不断捐献。在《社约》中谈到："本社收藏各印均分门别类附拓旁款，精印成谱，如有同好可到社索阅，藉获观摩之益"；"本社收藏各种印谱及金石书画专供同志参观"。

另在《西泠印社志稿》"藏书"中还载有《六书系韵二十四卷》、《说文答问疏证》、《金石史》、《金石略》、《印人传》、《续印人传》、《广印人传补遗》、《历代钟鼎彝器款识》等十七种（部）之多。

印谱类有《二百兰亭斋古印考略》、《周秦古玺印谱》、《遁庵古铜印谱》、《龙泓山人印谱》、《种榆仙馆印谱》、《缶庐印谱》、《二金蝶堂印谱》等二十四部之多。

这些金石印谱大多是当时社员以自藏印手拓而成，文献资料亦多为社员所收藏。

由于战乱，这些金石碑版与印谱等资料大多散失，实在可惜，但西泠印社广大社员爱社如家的奉献精神却能代代相传。新中国成立后，不少社员及其家属接踵比肩，相继向印社捐献了许多珍贵金石文物与印学研究资料。

1957年，由政府牵头，经筹备后恢复了西泠印社的活动，首先在观乐楼内设立了吴昌硕纪念室。纪念室的展品主要由吴昌硕后人吴东迈捐献，计有缶翁篆刻、书画作品与有关资料数十件，充实了吴昌硕纪念室的陈列。后几年，其孙吴长邺又捐献吴昌硕

◎篆刻是我国优秀的艺术形式之一，是文学、书法艺术和雕刻形式的有机结合，是中华民族优秀文化遗产的重要组成部分。

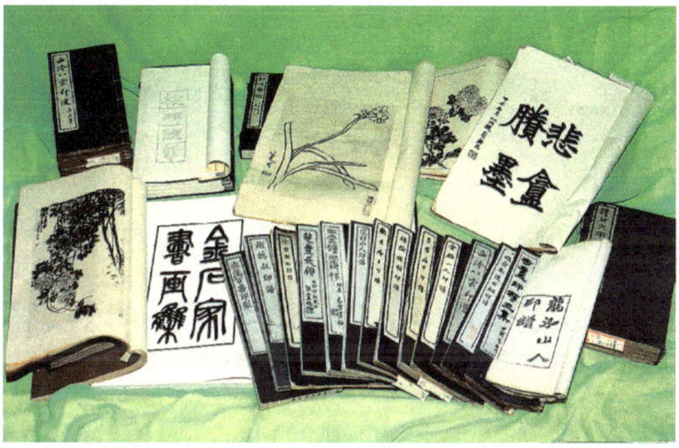
西泠印社早期出版物

常用之田黄石印章及其他书画文物等数十件。

1962年，张鲁庵家属叶宝琴女士遵张先生遗愿，将他毕生珍藏的明清印谱四百三十三部（其中不少为海内外孤本），战国、两汉至明清印章一千五百余方捐献给印社。

1960年前后，高络园先生首献铜印五百方（《乐只室古玺印存》之原印）、晋铜鼓两只、汉至晋纪年砖三百余块。同时，其女高璧女士捐赠陪嫁品——《八大山人册页》二十页。

不久，葛书征先生献出明清刻印四十三方，精致无比。其中如文彭“琴罢倚松玩鹤”、何震“听鹂深处”、邓石如“江流有声断岸千尺”等印，为印林所重。

1964年，王禔家属遵先人遗愿，将其遗印三百五十六方捐赠印社。

1979年，王个簃效法先辈高尚风格，将经历“文化大革命”之难后发还的家藏书画珍品，如八大山人和吴昌硕等大家书画与《缶庐诗稿》手迹等五十余件无偿捐献给印社。其他还有陈叔

通捐献印等文物四十二件，钱镜塘捐献二十七件，吴振平捐印二十九方。已故社员张宗祥、沈尹默家属亦将他们生前作品与手迹各一百余件捐献印社。丁辅之孙女丁如望、丁如留从海外归来，向印社捐献了丁老生前用印七十三方。葛昌楹夫人冯梦苏捐献葛老珍藏多年的自用印十数方（其中有田黄八方以及钟以敬、叶潞渊刻青田冻等）。

1999年，杨鲁安捐献古玺印、金石文物、拓片等二百一十多件。

新老社员中有的已作古，有的尚健在，生活地域不同，性格各异，但他们有一共同特点，那就是为了印社而尽一己之力的奉献精神。

尊重团结，社能聚人

印社的宗旨“保存金石，研究印学”，像一面高扬之旗，吸引了众多的印学、金石考古、古文字等学者，诗文书画等方面的专家学者及一些崇拜者、爱好者、支持者加入这个行列，成为社员或印友，并为印社事业奉献其力。

“保存金石，研究印学”，两者有联系又有所区别。

“保存金石”，一是为保存古文物，使之不被损坏湮没，二是为今后研究提供依据，发挥更大的作用。

“研究印学”，它的原始资料绝大部分来自“保存金石”中，

◎篆刻是我国优秀的艺术形式之一，是文学、书法艺术和雕刻形式的有机结合，是中华民族优秀文化遗产的重要组成部分。

如历代钟鼎彝器以及泉布、灯镜、玺印、碑、碣、砖、瓦、陶等器物上的文字或图形，研究其衍变的历史、制度、镌刻技巧和审美。其中最主要的为玺印研究，重点在其内容、形式、意境、情感等方面，并由此而衍生出印谱、印史、评论、鉴赏等的细化研究。

“保存”与“研究”，两者有相对独立性，然更多是关联，尤其是前者对于后者的发展关系尤为重大。社员张景星曾言：“唐宋以降，古意凌夷，逮明文寿臣力肩返古，遂为一代印宗，而周氏栎园又从而传之，印学赖以不坠。厥后吾浙八家，昌明浙派，海内宗仰，于是印人蔚起，辉映后先。迄今言印学者，类能道之，然不谋所以保存，势必日就湮没，印社之设，焉可缓哉。”（胡宗成《西泠印社记》）

印社宗旨，是印社同人的行动纲领、总目标。她能高高飘扬，一是靠宣传，二是靠印社同人的身体力行。贯彻得好，能尊重团结人，凝聚力则大，反之则小。工作上有时出现差错或走偏方向，往往与对宗旨理解的透彻程度有关。社史研究者在研讨印社的缘起时，可能曾出现过不同的争议或认识，但最后还是统一在“振兴印学”这一大前提下。只有在继承的基础上广收博取，不存门户之见，才能有海纳百川的气概，才能使印社越办越好，形成众望所归的大好形势。

“汇流穷源，无门户之派见；鉴今索古，开后启之先声。”

（胡宗成《西泠印社记》）

在印社刚成立时修建的仰贤亭中，除浙派“西泠八家”的丁敬、蒋仁外，尚有浙籍赵之谦、徐三庚等五人，而外省印人如高凤翰、巴慰祖、邓石如、吴让之等十三人也名列其中。当时浙派印家雄杰辈出，印史上有显著地位，印社将其奉为主要师承对象，是历史之必然。同时，印社也尽量收罗外省著名印人有画像与有文字资料者，镌图于其中。另在园林中有两石雕立像，一为丁敬，一为邓石如，遥相对望，似在赞赏后辈印人为振兴印学而立社的崇高意愿。

邓石如石雕立像

丁敬石雕坐像

尊重团结同道，表现在社内社外、社员与社长之间等关系上，尤其在推举社长上，表现更为鲜明。

叶铭、丁仁、王禔、吴隐四

位创始人中，丁、王二位年轻有为，印学亦佳；叶、吴二位年近四十，已是中年，而为创建印社出力最多。他们都是谦谦君子，能从发展印学事业的大局出发，尽量从全国范围来考虑印社的举旗人。这可从印社创立第一年的1905年，日本人河井荃庐在《西泠印社记》中的记述得到证实："今春薄游吴下，道出武林，乃得与吴、叶、丁、王诸君把晤于印社，以抒积愫，评论印学，殆无虚日……诸君为余言：印学自赵悲庵后，薪火将绝矣! 近人能此者，惟湖州吴苦铁一人而已。"

1912年，鲁坚在《西泠印社记》中也谈到："海内宗仰吾友吴缶庐，生平嗜猎碣，制书凿印，能乱石鼓之真，甚乃绘画之事，亦以蝶扁法治之……缶翁并长其社。"

吴昌硕与王震（左）

到1913年，大家一致推举缶翁为社长。这是全体社员的一致认识，也是缶翁德高望重的结果。缶翁也非常谦诚地说："同人谬重予，社既成，推予为之长。予备员，曷敢长诸君子，惟与诸君子商略山水间，得以进德修业，不仅以印人终焉，是则予

之私幸耳。”（《西泠印社记》）故全社能少长团结，兼收并蓄，无门派之见，这在全国印学界起到了很好的榜样作用，以至于后来海内外印人不断聚于印社之门下。

缶翁仙逝后，三位创始人具体工作仍身体力行，在印学研究上也有丰硕的成果，但对继任社长之事，他们仍然谦虚互让，最后还是着眼远在北京故宫任院长之职的马衡，推举他为继任社长。

西泠印社早期日籍印人河井荃庐

西泠印社早期日籍印人长尾甲

尊重、团结表现在社员之间，虽然这方面材料很少，但仅从一鳞半爪的记载中也可见其精神所在。

河井荃庐在他所撰的《西泠印社记》中谈到：“明治乙巳之夏，客有自杭州返东瀛者，极言吴遁庵、叶叶舟、丁鹤庐、王福庵诸君创印社于西泠之盛，余闻而神往久之，未暇往观也。今春薄游吴下，道出武林，乃得与吴、叶、丁、王诸君把晤于印社……又各出所藏印命余鉴赏……诸君又能椎摹精拓，编辑印谱，不肯自秘，以提倡后学，即余身处海外，亦得一苇而至，见所未见，是不特余之幸，亦为后世刻印之幸。”

从中可见，河井先生怀着极大的艳羡之心来社求问，受到尊重。至于“命余鉴赏”云云，也可见相互之间亲敬礼遇之情。

国内印人间的交往，同样也是热诚相待，情同手足。正如王毓岱在《石交亭记》中所称：“叶舟先生曾辑有《广印人传》，所谓印人者，皆石交也……合全社之友均与石交……”“交石如交人，其骨格作如是观也；交人如交石，其契合亦作如是观也……”由此可见，印人之交，表面淡若水，内里则如骨之亲密，如石之契合。

由于有众多热爱中国传统文化的人关心篆刻艺术，或是受到原有社员影响，不断参加到西泠印社的行列中来。西泠印社原有社员的艺品与人品都高，新入社者受到影响，也不断增进修养，成为印社的中坚，就像一个雪球，随着岁月的增长，越滚越大。

日本印人河井荃庐“闻而神往久之”，于印社成立次年即来浙江游学，后与长尾甲二人加入印社。作为一个民间社团，当时能有外籍人士参加，也是颇具特色，为其他社团所称羡的。

国内印人闻讯而来，或由朋友、长辈引荐，或先参加活动而后申请入社。新中国成立前印社有社员六十一人，多限于浙

沪一带；新中国成立后加入者更多，至2002年底，累计有社员三百七十七人（已去世一百三十七人），分布在全国二十六个省、市。国外社员现有二十二人（已去世三人），分布在日本、韩国、新加坡、加拿大等地。百年来社员总计三百九十二人，除去世的，现有二百五十二人。

印社社员多是热爱金石与印学的篆刻家、书画家，还有少数热爱印社并对印社发展有贡献者。归纳一下，有如下几大类：

以印学为主兼及诗、书、画于一身者，如吴昌硕、黄宾虹、经亨颐、潘天寿、王个簃、诸乐三、傅抱石、谭建丞，陈大羽、来楚生、冯建吴、余任天等。

善印亦善书者，如丁辅之、王福庵、沙孟海、陆维钊、钱君匋、金意庵、潘主兰等。

在印学上特有造诣者，有胡匊邻、童大年、叶铭、唐源邺、方介堪、方去疾、韩登安、陈巨来、罗福颐、叶潞渊等。

金石方面的鉴藏家并兼及治印者，如丁修甫（丁仁父，藏浙派印极富），汪承启（藏印极多，编成《小飞鸿堂印谱》），胡宗成（藏汉魏六朝碑版甚富），马衡（曾任故宫博物院院长，善鉴藏），张鲁庵（藏古今印、印谱三千以上），钱镜塘（藏古书画印甚富）及顾廷龙、徐邦达、杨仁凯、谢稚柳等。

其他还有兼长多种学科的专家、学者，如朱孝臧、王国维、

◎篆刻是我国优秀的艺术形式之一，是文学、书法艺术和雕刻形式的有机结合，是中华民族优秀文化遗产的重要组成部分。

沈曾植、夏承焘、启功、张宗祥、马一浮、邵裴子、沈尹默、赵朴初等。

专以书画著称的有李苦禅、费新我、陈半丁、贺天健、吴湖帆、陆俨少、陆抑非、朱屺瞻、唐云等。

古文字研究学者有商承祚、蒋维崧等。

其他还有擅长与印社有关的技艺的专家，如善制印泥的张鲁庵、韩君左，精于镌石拓刻的苏硕人、俞逊、吴雄等。

社员虽职业不一，但他们的共同点是：热爱金石，喜欢印学。社员一般都能诗善文，这从印社各处匾额、楹联、摩崖刻石、书画题记中可见。他们大多有较高深的文化艺术素养，说明要有较深的学养才能深入研究印学。不少社员还兼擅书画，有的还是某一专门学科的带头人。正因如此，随着时间的推移，印学研究的对象已不仅限于立社初期的刻印技巧、流派、鉴定考藏等，而是从中国大文化发展的角度来探研印学及与之相关的学科。

活动经常，方式多样

一个民间社团活动开展正常与否，是表现其生命力的标准。根据印社宗旨，印社的活动方式也有其自身的特点。

一、金石书画展览

印社每年春、秋两季雅集，社员将各自所藏印章、金石拓片、印谱、书画等携来印社陈列，相互交流、观摩、研讨。重大

集会时，还专门准备内容丰富的专题展览。如1913年社员大会时举办了金石书画藏品展览。过了十年，印社成立二十周年，举办了金石家书画作品展览，“罗列金石家书画千余幅于社，张挂四壁，一时文采风流，声闻远播”。印社成立三十周年时，各位社员、社友从各地携来近藏，特办了金石家书画、篆刻作品陈列，叶为铭还将这些展品编印成《西泠印社三十周年纪念刊》，写了一篇后记，以志其盛。抗战八年，印社暂停活动。1963年印社成立六十周年时恢复活动，举办了规模盛大的展览。展品分三大展厅陈列：一为历代金石家书画篆刻；二为捐献的金石、玺印、印谱；三为现代篆刻书画作品，其中有董必武、郭沫若等国家领导人的祝贺件。展览盛况空前，参观者络绎不绝。“文化大革命”后，1979年始，每隔五年和十年大庆，均举办有关展览，以示庆祝。如印社成立七十五周年、八十周年……都举办不同规模的收藏或社员作品展。八十周年有印社藏品展、社员作品展，社史资料、创始人事迹、印学史资料展览等，八十五周年有国际书画篆刻邀请展等。

另还有纪念首任社长吴昌硕诞辰的活动，如吴昌硕诞辰一百二十周年、一百三十五周年、一百四十周年、一百五十周年都举办过展览，以资纪念、学习、研讨。

其他如社员的个人篆刻展、书画展或联展等，每年均有数

◎篆刻是我国优秀的艺术形式之一，是文学、书法艺术和雕刻形式的有机结合，是中华民族优秀文化遗产的重要组成部分。

次，以展示社员或有关艺术家的学术成果，并相互交流，活跃学术气氛。

二、辑刻印谱

一种是编辑古代或前人的印谱，另是自刻自辑而成谱。

编辑前人印作成谱，是立社之初就有的举措，也是印社要做的印学普及与研究的基础工作之一，因此印社一直十分重视。从西泠印社成立的1904年起，就有社辑《吴让之印存》十册、丁仁辑《西泠八家印选》三十册出版。1905年有社辑《钱胡两家印谱》、叶铭辑《铁花庵印集》八册、印社重辑《周秦古玺》两册、丁仁辑《杭郡印辑》出版。其后每年均有数种辑成，至1950年为止，据粗略统计，辑成印谱一百零五部七百四十四册。其中较有名的，如王禔辑《福庵藏印》十六卷，多为明清印，吴隐辑《遁庵秦汉古铜印谱》八册，丁仁辑《悲庵印存》两册及《秦汉丁氏印谱》，叶铭辑《手摹周秦玺印谱》，黄宾虹辑《冰褀古印存》十卷，葛昌楹辑《传朴堂藏印精华》十二卷及《邓印存

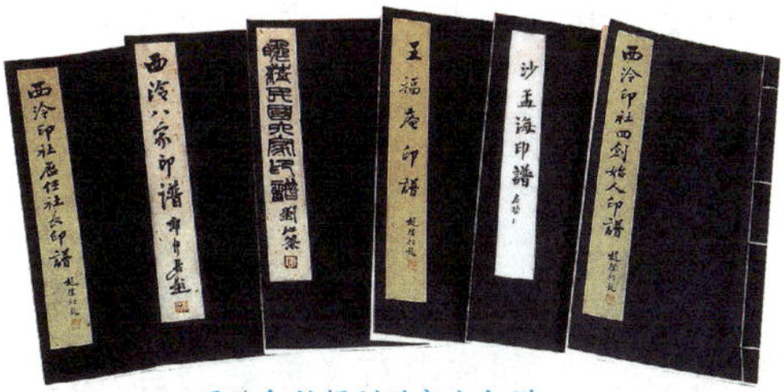

西泠印社辑刻的部分印谱

真》两卷，方介堪辑《古玉印汇》，张鲁庵辑《黄牧甫印存》两册，并辑徐三庚《金罍印摭》四册、赵之琛《退庵印寄》四册、《何雪渔印存》两册。还有丁辅之、高络园、葛昌楹等数人共同编纂的《丁丑劫余印存》二十卷，葛昌楹、胡淦两人合编的《明清名人刻印》十二卷，社辑钱松《铁庐印谱》四册、赵之琛《补罗迦室印谱》二十册、丁敬《龙泓山人印谱》八册、《印汇》二百五十二册以及《蒙泉外史印谱》等。

另社员自刻自编印谱的有不下四十人，自编的印谱有五十部以上。如吴昌硕有《缶庐印存》八册，沙孟海有《兰沙馆印式》两册，马衡有《凡将斋印存》一册，王禔有《麋研斋印存》二十册等。

这些印谱的编成，对于丰富社藏，普及印学，供人整理印学资料以作参考、研究、交流，都具有极为重要的意义。

三、个人著述

关于著述，多为个人行为，其内容则视各社员所从事专业的情况而定，一般以印学著述为多，也有兼及文字学、金石志等的。叶铭有《广印人传》、《金石家传略》、《歙县金石志》，王禔有《说文部首检异》、《麋研斋作篆通假》，汪厚昌有《说文引经汇考》、《中华民国史料稿》，黄宾虹有《印说》四卷，王粥昆有《治印杂说》，钟矞申有《篆刻约言》，马衡有《论刻印》，沙孟海有《印学史》、《印学概论》、《沙村印话》，陈巨来有《安持精舍印话》，王个簃有《个簃印旨》等。其中以叶铭《广印人传》、王福庵《说文部首检异》、沙孟海《印学史》等最为著名，在印学界有较大的影响。

四、印学出版物

出版是著述的社会表达形式，是普及与提高印学研究水平的必要手段，也是使印学研究更为深入、持久的必备条件，因此，印社一成立就非常重视印学著作的出版工作。

印社出版的内容除了社员的研究成果以外，还包括一些社外或前人的著述与资料。如出版有吴大澂辑《十六金符斋印存》，吴熊辑《封泥汇编》，吴隐编印的《古陶存》、《古砖存》、《古泉存》等十余种有关古代砖、瓦等的资料谱录，另有葛昌楹辑《宋元明犀象玺印留真》、方约选拓的《苦铁印选》等。

出版的文字资料或著述有：周亮工《印人传》、《续印人传》，朱象贤《印典》，遁庵汇辑的“印学丛书”二十五册，董洵《多野斋印说》，张鲁庵《自藏印谱目录》，罗福颐《汉印文字征》、《古玺文字征》、《印谱考》，叶叶舟编《西泠印社三十周年纪念刊》及社辑《咏西泠印社同人诗》等。

西泠印社在出版印学著述及印谱方面是中国最早、最多、最精的一家，也是影响最大的一家。印社能享誉海内外，与此是密不可分的。西泠印社出版社为印学的独立发展作出了不可磨灭的贡献。

深入发展，与时俱进

自1904年印社成立至1949年的半个世纪中，西泠印社历经坎坷。抗战八年，日军侵略杭州，社员星散，所藏金石文物、印谱图书大多损失；抗战胜利后，内战又起，社员生活难安，印社少有活动。新中国成立后，社会安定，但政府主要精力放在抗美援朝、土改等运动中，印社活动处于停滞状态。20世纪50年代后期，人民政府加强了对民间学术团体的关心、领导，印社面貌发生了质的变化：一是政府加强领导，拨款资助，改变了过去仅靠捐款度日的现象。学术研究等活动逐渐复苏，走向正规，扭转了新中国成立前夕印社一度濒于解体的困境。二是文艺界许多知名人士和声誉卓著的学问家、艺术家入社，有力地推动了浙江省及全国篆刻事业的发展。

在党和政府的支持下，印社的恢复引起国内外注意，象征新中国文艺政策的英明，树立了人民政府的威望。

一、恢复活动，逐步走向兴盛

1957年，张宗祥等著名书画家在浙江省人民代表大会上提出，应恢复西泠印社，开展金石书画方面的创作与研究活动。1958年，由浙江省文化局牵头成立了恢复西泠印社筹备委员会，张宗祥任主任委员，潘天寿、陈伯衡为副主任委员，韩登安、沙孟海、诸乐三、阮性山为委员，韩登安兼秘书。筹备委员会的第一件事是修缮社址、筹建吴昌硕先生纪念室，同时设立孤山门市部，销售印谱、碑帖、篆刻工具材料等，西泠印社人气逐渐恢复。不久，为了管理体制上的方便，西泠印社由浙江省文化局移交杭州市文化局管理，印社在学术、组织、业务、收藏诸方面得到较快发展。

1963年，西泠印社召开了成立六十周年大会，举办了规模盛大的金石书画展览会，董必武、郭沫若、陈叔通、沈雁冰、齐燕铭等题词祝贺。郭沫若有诗曰："自古神州原尚赤，于今铁笔更宜坚。银钩深刻扬先烈，好使东风万古传。"充分表达了他对印社恢复活动的良好祝愿。大会还讨论、制订了新的工作计划，进行了"篆刻史上的几个问题"等学术研讨，选举产生了印社首届理事会。张宗祥为社长，潘天寿、傅抱石、王个簃、许钦文等为副社长，并批准吸收许多新社员。新入社者中，除一些篆刻家外，还有著名书法家沈尹默，著名学者马一浮，著名画家兼印人潘天寿、傅抱石等，这大大加强了西泠印社的社会影响。特别是马一浮先生，在新中国成立前曾宣布不加入任何社团，拒绝一切威逼利诱，气节凛然。新中国成立后，眼见新社会一片兴旺景象，当印社几位知交访问他时，便欣然应允参加印社。从中可看

“文化大革命”结束后，沙孟海先生在社员聚会上发言

出他对新中国政府的信任，对西泠印社从松散、萧条走向兴旺发达的期望。

不久，“文化大革命”开始，十年动乱中，印社活动停止。社员有的年老，有的蒙冤，张宗祥、潘天寿、傅抱石、沈尹默、童雪鸿、罗蓛子等相继不幸去世。许多社员在逆境中仍能坚持自己的印学研究与创作。

1979年，为庆祝印社成立七十五周年，又举行了隆重集会，五十位新老社员出席了会议，进行学术研讨，举办了展览，通过了新的章程、计划，产生了由二十一人组成的新的理事会，选举沙孟海为社长，王个簃、诸乐三、启功、方去疾等为副社长。沙孟海社长注重团结同志，贯彻印社宗旨，尤其是一再强调重点要提高学术研究水平。他排除干扰，支持正确意见，为印社在新形势下深入发展作出不少贡献。

二、搞好印学研究与出版

在庆祝印社成立七十五周年大会上，沙孟海被推举为社长。

他对印社发展的贡献是多方面的，其中最主要的是抓住纲领，花大力气搞好印学研究。因为当时入社的新社员中书画名家不少，工作方面时有偏差出现：存有重书画而忽视研究印学的倾向。沙孟海多次在理事会和社员大会上强调要重视学术研究的观点，一直到上个世纪90年代初，他与杭州市文化局领导和印社负责人谈话时还语重心长地再次强调："西泠印社这块牌子现在还很响，这很不容易，应该在学术研究方面多做一些"。"西泠印社与社会上一些团体不一样，是搞篆刻、金石书画的，要以印为主，书画是附带的，而书画要与印有关系"。"西泠印社在印学界的地位很高，还具有国际上的影响。整个社会都在前进，我们也要更上一层楼。在西泠印社提出的论文必须是高质量的论文，在西泠印社发表的作品应该是高质量的作品，应该具有国际领先的抱负和志向。这些，还要靠我们共同努力去做"。在他掌舵期间，时时告诫具体执行者要把住方向。

印社所做的工作，分以下几点述之：

1. 组织好每次印学研讨会。每五年一次的社员大会，都组织社内外学者撰写论文和学术交流，从未间断，会后出版专集。另如纪念首任社长吴昌硕一百四十周年、一百五十周年诞辰，也有学术研讨这一内容。印社还与日方共同举办中日书学（含印）研讨会等，每次沙老都亲自撰文参与，他的论文观点

鲜明，言简意赅，与会者大受教育。在印社成立八十周年大会上，沙老在开幕词中提到金石与篆刻的关联与区别：“金石家不一定是篆刻家，过去混淆乱用，现应区分开来。”得到全社社员的认可。每次印学研讨会提交的论文，无论数量与质量都比上一届有提高。如庆祝印社成立六十周年大会上论文仅四十篇，九十五周年时则达一百零四篇，研究范围涉及印史、印人谱籍、创作、考藏、技法、教育等。会后有的出版专集，有的在社刊、社报上发表。

2. 个人著述。研究印学的基础，是社员平时对印学知识的积累，有了积累，可使研究深化，再进而成为专著。社员个人的著述汇集于印社，从而使印社的印学研究更上一层楼、更显光辉，这是印学研究的良性循环。印社社员中成就较突出的学术著述有：王福庵、秦康祥、孙智敏等编著的《西泠印社志稿》，这是印社前五十年历史的很有价值的资料总汇，钱君匋、叶丰编撰的《中国玺印源流》，沙孟海《印学史》，罗福颐《古玺印概论》、《西夏官印考》，傅抱石《齐白石篆刻艺术》，罗菽子《试论西泠四家的篆刻艺术》，马国权《近代印人传》、《广东印人传》，叶一苇《雕虫札记》、《篆刻丛谈》，韩天衡《中国印学年表》、《历代印学论文选》、《天衡印谈》，刘江《篆刻美学》、《吴昌硕篆刻艺术研究》，黄惇《中国古代印论史》，肖高洪《印章的历史与文化》，

◎篆刻是我国优秀的艺术形式之一，是文学、书法艺术和雕刻形式的有机结合，是中华民族优秀文化遗产的重要组成部分。

林乾良《西泠群星》、《印迷丛书》，陈振濂《大学篆刻创作教程》等。社员中这些成就突出的著述粗略统计约在五十种以上，尚不包括古文字类与国外社员的著述。

3. 成立出版社。新中国成立前，印社出版工作是在上海由吴隐私营开展。新中国成立后，印社为了发展印学研究，于1973年在杭州恢复出版业务，1978年国家出版局批准印社为出版单位。二十多年来，西泠印社出版社贯彻印社宗旨，出版了大量展示印学研究成果的图书与有关资料，出版社员印谱、古代印谱与印学著述三百种以上，其中如《印学史》、《陈洪绶作品集》、《钱君匋论艺》曾获中国首届优秀美术图书奖等。获省一、二、三等奖的图书有四十六种之多（截至1990年），这在国内出版社中亦属少见，在学术界产生了良好影响。《印学史》、《篆刻理法》等不少图书被译成日、韩等国文字出版；多数印谱，尤其是手拓本，均得到日本友人与港、澳、台及海外侨胞的青睐，求购者众。这为宣扬中国传统文化艺术，弘

西泠印社主办的专业刊物《西泠艺丛》

扬印社宗旨，提高印社声誉作出了贡献。

办报刊。1979年印社创办了季刊《西泠艺丛》，这是一本以繁荣金石书画创作为宗旨的综合性刊物。1985年，西泠印社《西泠艺报》创刊。《西泠艺报》的内容集学术、艺术、史料于一体，开辟了“西泠撷英”、“社史钩沉”、“印人玉屑”、“读者园地”、“历代名作欣赏”、“社员解数拾录”等三十五个栏目，有普及的，也有提高的，图文并茂。社员活动情况等每期均有反映，密切了社员之间，社员与印学爱好者之间，社员、印学爱好者与印社间的关系，起到了纽带与桥梁的作用。

三、多种展览与印学博物馆的建立

印社成立后，举办了多次金石家书画印展。新中国成立后，尤其近二十多年来，展览的内容、形式、方法、手段更是新颖多样，印社的国际交流日益频繁，还建立了印学博物馆。

1. 常规展览。

主题展。五年一次的社员大会必有社员作品展，或于特殊情况下举办展览，如庆祝建国四十周年金石（文物）书画展、迎香港回归印展等。

专题展。举办王个簃捐献文物展、杨鲁安捐献文物展、吴昌硕诞生一百三十五周年纪念展、社员遗作展等。为支援灾区，印社还多次举办社员书画赈灾义卖展。

◎篆刻是我国优秀的艺术形式之一，是文学、书法艺术和雕刻形式的有机结合，是中华民族优秀文化遗产的重要组成部分。

评展。为普及印学，印社从1986年开始，每隔四年举行篆刻评展一次，事先向全国征稿，并在杭开办培训班。评展内容分印面、边款、篆书、短论文等项，以考察作者的综合能力与各个分类项的实力水平。展览时公布的奖项分综合奖、分类奖。如首届篆刻评展参展者达两千三百余人，入选展出者二百五十人，获奖者五十人，并编印《评展作品集》，对每人作品附评语一段。多次获奖可作入社条件之一。评展后又分边款奖、短论文奖等，深受印学爱好者欢迎。

联展。一种为印社联展，如1989年由西泠印社主办、十二家印社牵头倡议协办的全国印社篆刻联展。该展有全国一百二十二个印社参加，先后在杭州、南京、武汉、西安、郑州、北京等十

艺术爱好者参观展览

多个城市巡展。此举团结了兄弟印社，加强了彼此联络，增进了交流与友谊，提高了印学水平，得到印坛广泛赞誉。另一种是几个印友的联展，如沙孟海、沙更世父子书画印展，韩登安、阮性山遗作展等。

2. 国际交流与展览。

随着我国国力的强盛、印社的兴隆，印社的国际影响日益增大，国际间印学社团的友好交流亦随之增加。交流方式一是友好访问，二是举办展览。

从1973年以后，日本书印代表团不断来印社访问，如1973年日本书道联盟常务理事、书道艺术院理事长香川峰云率团员青山杉雨、饭岛春敬、金子鸥亭、村上三岛等来访。1980年日本读卖新闻社社长三次率青山杉雨、村上三岛等五十多名团员组成的吴昌硕胸像赠呈访中团来访。至2002年，先后有五十多个日本友好团体访问印社，进行参观、座谈或书画印交流活动。其他如韩国、新加坡、马来西亚等汉文化圈国家书印团体也多次来社访问、交流。

西泠印社赴日举办展览

西泠印社也多次组织代表团出国访问

◎篆刻是我国优秀的艺术形式之一，是文学、书法艺术和雕刻形式的有机结合，是中华民族优秀文化遗产的重要组成部分。

交流，而且多与办展相结合。1981年，在日本举办西泠印社吴昌硕书画展，由郭仲选、吕国璋等五人组成的文化代表团出访。1988年，印社受邀先后在日本东京、大阪、岐埠举办西泠印社展，分别派团参加了当地的访问交流。以后印社多次组团赴日本香川、福井、九州等地访问交流或举办中日联展及个展。印社也先后组团到韩国以及港、澳、台地区访问并举办专题印展等活动。

国外来印社办展与交流也逐年增多，如1987年日本篆刻家作品联展，1990年印社与福井举办的中日友好书道、花道交流展，1991年印社与日本北九州举办的书道、花道联展，与日本书人会举办的中日友好书画印展，另有日本南鹤溪书法展等。总之，日本来印社办展至今约有三十多次，展览的形式有书道、花道、剪

吴昌硕、日下部鸣鹤结友百年铭志碑揭幕

纸、篆刻、色纸、茶道等多种。韩国、新加坡等国也有六次前来办展。通过这些访问、交流和展览，加深了彼此了解，增进了友谊，促进了艺术的发展。

3. 专史陈列与中国印学博物馆的建立。

吴昌硕纪念室。吴缶翁生前多次来印社，住宿在观乐楼。1957年，为纪念缶翁对印社的贡献，特辟此楼建纪念室。一楼为缶翁书、画、印等陈列室，二楼摆放的用具自吴昌硕的上海画室移来，有画桌、椅、湖石等，供后人瞻仰与欣赏。

社史陈列室。该室在柏堂，四壁张挂介绍西泠印社四位创始人与历任社长、知名印人简要事迹的文字与图片。

中国印学博物馆。为了将“保存金石，研究印学”的宗旨具体化，经过多年筹备，在赵朴初社长与多位理事、社员的争取下，中国印学博物馆的建立终于得到中央、省、市有关部门批准，1995年立项，1997年奠基，1999年9月正式开馆。“印博”共有“玺印”、“流派印”、“印学”、“印材”四个陈列厅，展示中国印文化形成、发展的历程。展品有六百余件，按照印章由实用到艺术的发展序列展示。中国印学博物馆依山而建，与印社的原有建筑以回廊相接，展厅虽小，却颇为精致典雅。另附设两个临时性展厅，可举办小型书画篆刻展。该馆在筹建中得到社员杨鲁安、小林斗庵、菅原石庐、中岛兰川、川合东皋等捐献的有关玺印、文物，使

◎篆刻是我国优秀的艺术形式之一，是文学、书法艺术和雕刻形式的有机结合，是中华民族优秀文化遗产的重要组成部分。

中国印学博物馆外观

陈列更为充实。印学博物馆为印社开启了一个明亮的窗口，参观者不断，深得印人好评。该馆被浙江省、杭州市定为“爱国主义教育基地”。

2003年秋冬之际，西泠印社将隆重举行百年华诞的庆祝活动，将举办印社藏品、社史图片、学术成果、社员作品、捐献文物、国内外印社祝贺作品等八个展览。盛大的纪念仪式与学术交流活动也将同时举行，并且出版社史、学术论文集以及捐献、祝贺作品等多种专集，现已分头进行紧张的准备工作。印社百年大庆将是对一百年来“保存金石，研究印学”成就的一个圆满总结，也是迈向辉煌未来的新起点。

在此热烈期望在未来百年中，印社宗旨的贯彻将更加具体、更加深入。西泠印社将使中国印学研究走向一个崭新的阶段，为人类文化事业作出新的贡献。

2003年6月上旬于湖上南山

（本文原收录于《西泠印社百年图史》，西泠印社出版社2003年版）

篆

经过上个世纪社会的剧烈变革，中国传统艺术赖以生存的经济、社会基础严重动摇，金石篆刻艺术作为中国传统艺术的一个门类受到大文化环境的影响备受冷落。

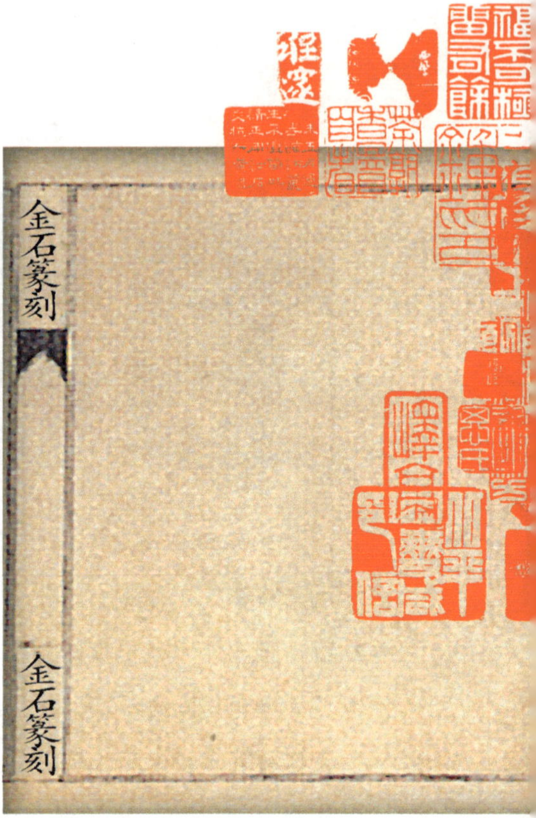

濒危状况与保护

经过上个世纪社会的剧烈变革，中国传统艺术赖以生存的经济、社会基础严重动摇，金石篆刻艺术作为中国传统艺术的一个门类受到大文化环境的影响备受冷落。

濒危状况与保护

[壹]濒危现状与原因

经过上个世纪社会的剧烈变革，中国传统艺术赖以生存的经济、社会基础严重动摇。金石篆刻艺术作为中国传统艺术的一个门类，受到大文化环境的影响而备受冷落，印章作为中国传统的信用表现形式在社会生活中也逐渐消退，其实用性被签字等形式所替代，金石篆刻艺术失去了在民间赖以传承的物质基础和文化基础。

作为金石篆刻艺术家的组织——印社，也多为三五印人自发组织，发展所必须的经费、场地、机构都难以长期得到保障。全国金石篆刻艺术社团发展高峰时期大约有一百六十余家大小印社，1990年12月共有一百二十二家印社参加了由西泠印社召集的全国印社篆刻联展，可谓空前绝后，此后大多数印社因世风嬗变而名存实亡，目前仍在活动的仅十几家而已。只有西泠印社出版社等少数几家出版社仍在出版诸如印谱、篆刻技艺类出版物，但对比其他门类的出版物，无论从市场销量和经济效益上都难以匹敌，造成了金石篆刻类出版工作陷入恶性循环，不利于金石篆刻艺术的传承与普及。

◎经过上个世纪社会的剧烈变革，中国传统艺术赖以生存的经济、社会基础严重动摇，金石篆刻艺术作为中国传统艺术的一个门类受到大文化环境的影响备受冷落。

回顾金石篆刻艺术发展历史，曾先后出现过吴门派、徽派、浙派等诸多篆刻流派，还有许多无专门师承、自成风格的篆刻艺术家，但是都受到金石篆刻艺术传承特点的限制以及文化空间的不断挤压，多数已后继乏人，甚至已经出现流派断代。尽管西泠印社作为金石篆刻艺术的重要文化载体一直传承有绪、活动频繁，但也曾因两次遭遇社会动荡而被迫停止活动，一次为抗日战争时期，另一次则在“文化大革命”期间。当时，西泠印社宝藏的金石文物损失殆尽，许多艺术大师在磨难中悲愤离世，这都造成了印社无可挽回的损失。西泠印社依靠特有的艺术土壤、顽强的艺术生命力几番重获新生，这不仅说明金石篆刻艺术是深深地根植于我们民族广袤的艺术土壤中的，具有永久的艺术生命力，而且与西泠印社获得政府、社会的支持有重大关系。西泠印社每一次的重要发展机遇都与政府和社会的大力支持和有一位或数位大师级艺术家掌门有关。1904年，西泠印社草创期间便约杭州八乡士绅具呈杭州府、钱塘县取孤山为西泠印社社址，发动社会力量以取得当地政府的支持，而当时的杭州府和钱塘县非常支持，皆作批示；后又于1913年力邀吴昌硕就任首任社长，其威望吸引了大批文人聚集西泠，迎来了印社的第一个重要发展时期。当时西泠印社处于文人治社时期，基础设施建设主要靠社员和热心人士的捐助，后因抗日战争爆发，印社被迫停止了活动。

西泠印社历史上出现的第二个重要发展时期是张宗祥、潘天寿、傅抱石等就任社长、副社长时期，这时政府介入到西泠印社的组织活动中，依靠政府的支持，西泠印社的规模和影响超过了从前。这一时期，许多老社员纷纷向西泠印社捐赠家藏的珍贵文物，在当时引起很大的轰动。但因“文化大革命”爆发，西泠印社恢复活动只有短暂的一两年就被迫中止了。

以沙孟海就任社长，倡导学术研究和艺术创作为标志，西泠印社迎来了第三个重要发展时期，加之政府主导，加大了支持力度，趁着当时百废俱兴的热潮，西泠印社的规模和影响得以扩大。上世纪80年代后，海内外书画篆刻家把西泠印社视为“印学圣地”，前来“朝圣”者络绎不绝，出现了前所未有的高潮，让印社应接不暇。随着沙孟海社长的去世，西泠印社亦逐渐走向低谷，社团人气涣散，产业陷于亏损，在百年大庆前几乎濒于倒闭。面对危局，杭州市政府强力介入，果断实行文化体制改革，力邀启功先生出任社长，成立西泠印社社务委员会。这一系列措施，使西泠印社重现生机，以崭新的面貌迎来了百年大庆，迎来了新世纪。现在启功社长去世了，我国最后一位大师级艺术家的离去和历史形成的人才断层，令西泠印社存在着领袖人物后继乏人的隐忧。路该如何走？西泠印社又一次处于发展的十字路口。历史证明，没有政府的支持，西泠印社就不可能一步步地发展壮大，走到今天。面对现实，西泠

◎经过上个世纪社会的剧烈变革，中国传统艺术赖以生存的经济、社会基础严重动摇，金石篆刻艺术作为中国传统艺术的一个门类受到大文化环境的影响备受冷落。

印社要继续发展，以政府支持作为坚强后盾是必不可少的。

[贰]传承抢救与保护措施

基于西泠印社金石篆刻艺术传承的现状，为保护、传承和发展金石篆刻这项非物质文化遗产，由浙江省文化厅、杭州市委宣传部、西泠印社等制定出金石篆刻艺术保护与振兴的十年计划，由西泠印社负责具体实施。

计划确定金石篆刻艺术为国家重点保护艺术，以建立金石篆刻艺术文化遗产档案数据库、金石篆刻艺术学科体系及金石篆刻艺术人才保护、发掘和培养为目标，建立以中国印学博物馆、西泠印社印学图书馆和中国印学文化遗产数据库为一体的系统化保存、保护、展示平台，以开展系列活动项目为载体，分阶段、分步骤地具体实施。

计划首先组成以管理人员、专家学者、专业人员为主的保护计划人力资源机构，其中保护计划的专业人员由两个重要部分组成：第一，以西泠印社社团内的中国印学史、篆刻学、中国书法及中国画、古文字学、金石学研究专家学者和相关档案研究人员为主的七十余人，参与保护计划的制定、实施，包含承担金石篆刻艺术的资源普查、金石篆刻艺术人才保护及培养、金石篆刻艺术研究以及各种展览、研讨活动的策划、研究、协调工作。第二，散布在全国各地的规模较大的、具有代表性的地方印社及海外印学团体，其中主要有北京印社、南京印社、天津印社、终南印社、台湾印社、澳门印社、全日本篆刻联盟、日本篆刻家联盟、韩国汉城印社等，共计三十余家，其组织者均为知名篆刻艺术家及当地篆刻艺术代表人物，主要参与保护计划中金石篆刻艺术资源普查、金石篆刻艺术人才培养、金石篆刻作品保存及巡展安排等活动。

具体实施计划如下：

1．制定保护政策

组织相关专家学者进行研究，确定金石篆刻艺术为国家重点保护项目，将金石篆刻艺术真正纳入非物质文化遗产保护体系，并从政策和法律法规的角度制定切实可行的保护政策，从中央和地方两个层面加大保护投入，通过西泠印社实施保护计划。

2．资源普查与基础建设

2004年西泠印社曾经进行过一次西泠印社社团、社员的艺术资料的收集整理工作，因受到各种条件的制约，规模不大，收集的数据信息量有限，但为下一步的普查工作积累了一定的素材和经验。

今后将开展对全国范围内的金石研究学者、篆刻艺术家及代表作品、印谱、印学社团，印泥制作等相关手工技艺传承人的全面普查，并推及至汉文化圈内。通过普查，梳理出中国印学（金石篆刻学）的资源、历史及其在20世纪的发展脉络，为进一步的保护和振兴打下基础。其中重点是由专人负责着手整理西泠印社

◎经过上个世纪社会的剧烈变革，中国传统艺术赖以生存的经济、社会基础严重动摇，金石篆刻艺术作为中国传统艺术的一个门类受到大文化环境的影响备受冷落。

多年来的社团活动资料和社员、申请入社人员个人资料，建立实时更新的相关信息资料库。积极与国内外艺术团体建立联系，收集近期活动情况等各类信息，建立社团信息库。对全国各地金石书画创作领域的领军人物、有较大影响力的中青年艺术骨干以及各类评展、评奖和学术研讨情况进行全面摸底，积极网罗各地艺术人才，建立人才信息库。

有计划、有组织地与各省、市印学社团、大专院校、书协、美协以及国外社团开展全方位、多角度、多渠道的交流与合作。通过交流，相互借鉴，提高品位，扩大金石篆刻艺术的社会辐射面，提高金石篆刻艺术在国内外的影响力。

从文物、文献、出版物等方面强化金石篆刻艺术的基础建设。

进一步加大印社藏品的征集力度，通过鼓励社员和社会各界捐赠，有重点地收购，不断丰富印社典藏，逐步建立起具备西泠印社自身特点的藏品体系。以中国印学博物馆为中心，多渠道、全方位地开展活动，充分发挥馆藏资源的优势，一方面为专家研究创造条件，一方面为社会大众了解印学文化提供服务，积极承担起弘扬印学和金石篆刻艺术的使命。

在西泠印社现有的图书资料基础上筹备建立的西泠印社印学图书馆于2006年正式面向社会开放，目前藏书数量有限，正通过有限的自筹资金购买及交流、收集等方式扩大收藏，对促进金石篆刻的学术研究、艺术创作及抢救古旧文献意义重大。未来计划全面收集金石篆刻图书文献资料，建成藏书规模达到三十万册以上的印学图书馆。

进行金石篆刻学科建设，组织开展篆刻学研究项目，填补学界空白。通过这一课题的开展，全面整合国内外篆刻艺术研究领域的相关成果，以促进篆刻艺术的学科化、体系化进程。在课题项目进行过程中，要发挥西泠印社学术资源优势，组织社内外相关领域的一流学者共同参与，出版多卷本学术专著。组织人员全面回顾一个世纪以来西泠印社所经历的巨大变革，汇集一个世纪以来西泠印社所有可以查考的文献资料并详加考订，同时吸收方志学的新成果，以规范化、科学化、系统化的方法修纂一部新的《西泠印社志》。

全力打造高质量的学术出版工程。通过创办学术性的社刊《西泠印社》，展示印学研究和篆刻创作的最新成果。充分发挥西泠印社出版社的优势，科学规划出版选题，编纂、出版一系列金石学研究、篆刻艺术书籍。

重视信息技术的运用与建设，努力创造条件，建立中国印学网和数码西泠印社，将金石篆刻文物、文献、出版物通过信息化手段实现资源共享。

3．人才吸纳、保护与培养

◎经过上个世纪社会的剧烈变革，中国传统艺术赖以生存的经济、社会基础严重动摇，金石篆刻艺术作为中国传统艺术的一个门类受到大文化环境的影响备受冷落。

从保护和传承的角度出发，以西泠印社社团为核心，建立金石篆刻艺术基地及国际印学研究中心，坚持高标准、严要求，规范和完善入社标准，建立一支高素质人才队伍，为金石篆刻艺术、中国印学研究打造一支生力军。2004年起，印社确定了通过常规推荐入社、特邀入社和评展获奖入社三个方面进行人才吸纳的政策。对于吸收中青年社员，要突出印学研究与篆刻创作能力。要拓宽视野、广延名贤，主动吸引社会知名学者、书画家入社，逐步建设起一支知识结构、年龄结构、地域结构合理的高素质人才队伍。努力发展海外社员，扩大国际影响，使之成为保护、传承和振兴金石篆刻艺术的中坚力量。通过举办研修班、讲座等方式，加快印学骨干培养的步伐。要面向广大篆刻爱好者，为他们提供形式多样的培训教育服务，大力普及金石篆刻艺术，扩大社会基础。充分发挥老社员的作用，通过传、帮、带，培育金石篆刻艺术和印学新秀，积极营造有利于人才脱颖而出的环境。

建立“两级保护、多层次培养”的人才保护和培养机制。“两级保护”是指采取国家和地方两级保护的方式，由国家和地方两级财政提供艺术家生活津贴。“多层次培养”是指针对金石篆刻艺术的特殊存在方式，在金石篆刻艺术人才培养方面实施不同的计划。将由西泠印社和浙江大学、中国美术学院联合进行金石篆刻高等教育人才培养试点工作，分别在这两所高校开设金石篆刻学专业，招收全日制在校学生，同时开设金石篆刻学硕士学位进修班。并在全国范围内推广金石篆刻学的高等教育，培养金石篆刻艺术的高级后备人才。第二层次是建立西泠印社金石篆刻艺术学院。发挥西泠印社人才优势，选择合适校址，长期开设培训班、进修班，培养专业艺术人才。第三层次是结合不同地域的实际状况，联合各地印社、教育系统、青少年活动中心、老年大学、社区，开办中小学生及成年人业余金石篆刻学习班。第四层次是鼓励社区成立民间印社，通过雅集推进传统金石篆刻的创作和传承。第五层次是定期通过多种形式的教育、培训、展览、鉴赏、宣传等服务，达到普及篆刻艺术、扩大社会基础的作用。

4．艺术创作与学术研究机制

成立以篆刻创作研究、印学理论研究为核心的五个专业研究室，开展各类与金石篆刻艺术保护、振兴有关的学术研究和艺术创作活动，提升西泠印社在金石篆刻艺术领域的作用、地位。以五个专业研究室为平台，以西泠印社社员为中坚力量，建立经常性的艺术创作机制、学术研究机制、艺术家活动交流机制、社员与社外艺术家激励机制。定期在社员中组织举办篆刻艺术观摩展，由研究室具体操作，要求每个社员参加，以促进社员的学术研究和艺术创作水平。组织社员交流五千字以上的学术论文（或字数相当的读书笔记、诗文创作等），交流的论文择优汇编成集，公开出版。举办学

◎经过上个世纪社会的剧烈变革，中国传统艺术赖以生存的经济、社会基础严重动摇，金石篆刻艺术作为中国传统艺术的一个门类受到大文化环境的影响备受冷落。

术讲座或论坛，以促进社员间学术研究和交流，真正发挥社团学术机构的引领作用。适当的时候可邀请社外的专家学者、优秀艺术家参与，建立社员与社外艺术家激励机制。鼓励社员举办个展，扩大交流。对有意在中国印学博物馆以及孤山社址举办个展的社员，社团可免费提供场地和便利条件；对在当地举办个展的社员，印社可视其艺术水准考虑作为后援单位。社员创作或研究需要观赏社藏文物，按社员章程规定，一律免费；带有营利目的复制等，则须按照社委会文物管理有关规定办理。鼓励社员向印社捐赠个人的艺术创作精品及各类艺术收藏品。鼓励社员组织和承办社团活动、展览或推荐其他艺术社团与本社联合举办各类活动；社员个人以印社的名义举办个人展应事先向社团通报，征得社团秘书处同意后方可进行。社外艺术家可根据具体情况享受等同于社员的激励机制。

通过西泠印社的探索和完善，将机制推广到社外，让全国各地的金石篆刻艺术家参与其中。

5．活动载体设计

举办形式多样的学术与创作活动，是金石篆刻艺术和中国印学繁荣的重要载体。既要精心策划高品位的活动，推动印学进步，占领学术高地，塑造印社学术品格，又要注重普及推广，广泛吸引社会各界人士参与，传承和振兴印学，弘扬民族文化，扩大金石篆刻艺术影响。开展“孤山论印”国际印学峰会、国际印

西泠印社百年华诞纪念碑

学研讨会、“西泠讲坛”印学讨论、全国篆刻艺术评展等高层次、常设性的活动，恢复春、秋雅集，举办艺术展览与学术研讨会、鉴赏会等活动，充实活动内容，丰富活动形式。

定期选择国内两个大、中城市举办西泠印社全国巡展及学术研讨、鉴赏活动；前往日本、韩国及港、澳、台地区举办巡回展，扩大金石篆刻艺术的海外影响。定期举办西泠印社国际艺术节，开展创作、交流、研讨、展览等活动。

2008年北京奥运会以“中国印” 作为会徽标识，西泠印社以此为契机，主动寻求与奥运接轨，设计和策划相关活动，在国内及海外举办“百年西泠·中国印”大型海选活动，并赴京举办了“百年西泠·中国印”展览等。

后记

金石篆刻是由中国古代印章发展而来的，以金石为材料，以刻刀为工具，通过镌刻来表现的以文字为主体的造型艺术。金石篆刻最早可以追溯到上古时代华夏先民在甲骨上的锲刻。经过数千年的演进，宋元以后，金石篆刻的实用功能开始淡化，逐渐升华为一门独立的艺术，并通过文人的创作，进一步发展出众多风格鲜明的艺术流派。其中，清代浙江丁敬、黄易、蒋仁、奚冈、陈豫钟、陈鸿寿、赵之琛、钱松八位篆刻家，运用生涩中寓坚挺的切刀来表现高古的秦汉风貌，以苍劲浑朴见长，因为八人均籍隶杭州，后人称之为“西泠八家”，他们所代表的浙派篆刻艺术承前启后，沾溉极为深广。

1904年夏，浙派篆刻家丁仁、王禔、叶铭、吴隐等有志于承“西泠八家”之余绪，进一步传承和发扬金石篆刻艺术，于是集合同人，各出私产，在杭州西湖北侧的孤山创建西泠印社。1913年，近代金石书画界泰斗吴昌硕出任西泠印社首任社长，海内外印人云起景从，流风余韵绵延百年，“言印学者，至今西泠尤盛”。西泠印社以“保存金石、研究印学”为宗旨，是中国第一个以研究金石篆刻为主的民间学术团体，并影响了周边汉文化圈内金石篆刻创作与研究的产生和发展，确立了其在海内外印学传承与研究中的中心地位。

经过百余年的发展，西泠印社拥有国家级社团（西泠印社）、国家级博物馆（中国印学博物馆）、国家级重点文保单位（西泠印社孤山社址）等称号。2006年，金石篆刻列入首批国家级非物质文化遗产名录。这不但是西泠印社在新的历史时期的又一殊荣，更是金石篆刻艺术在祖国传统艺术宝库中所享有的独特地位的证明。

为了让更多关心、喜爱篆刻艺术的朋友有机会对金石篆刻、对西泠印社有更进一步的了解，在浙江省文化厅的大力支持下，我们组织编写了这本小册子，作为“浙江省非物质文化遗产代表作丛书”之一出版面世。浙江具有悠久的文明史，西泠印社的孕育、诞生、发展和繁荣，正是得益于这块丰饶的土地所拥有的异常深厚的历史文化底蕴。在浙江省委、省政府提出建设文化大省，加大对非物质文化遗产保护力度的契机下，西泠印社以及它所传承的金石篆刻艺术一定会迎来更加美好的未来。

参与本书编写的人员及其分工如下：郭超英负责第一章和第六章部分印人小传；洪兵站负责第二章；桑建华负责第三章；张钰霖负责第四章和第六章部分印人小传、第七章；王佩智负责第五章；邱云负责第八章。顾祥森负责第七章专家特稿的邀约；桑建华负责印章释文的审定；邱云、张钰霖、戴海栋负责全书的图片编配；全书最后由张钰霖统稿。中共杭州市委宣传部常务副部长，西泠印社副社长、社委会主任魏皓奔，西泠印社常务副秘书长、社委会副主任包正彦对本书的编写予以直接指导，并分别担任本书的主编、副主编。

本书的部分图文引自已出版的文献，具体为：第六章印人小传及部分图片，主要引自韩天衡主编的《中国篆刻大辞典》（上海辞书出版社2003年版）；第七章收录的孙慰祖《中国印章简史》（原名《中国印史简述》），引自《可斋论印新稿》（上海辞书出版社2003年版），刘江《西泠印社百年回眸》，引自《西泠印社百年图史》（西泠印社出版社2003年版）；第四章关于篆刻艺术流派和印人群体的划分，参考了邓散木《篆刻学》（人民文学出版社1979年版）的观点。其他重要参考文献有：沙孟海《印学史》（西泠印社出版社1987年版）、叶一苇《中国篆刻史》（西泠印社出版社2000年版）、吴颐人编著《篆刻法》（上海书店出版社1991年版）、《西泠印社百年史料长编》（西泠印社出版社2003年版）、《西泠印社》（杭州出版社2005年版）等。

限于时间和水平，本书尚有不尽如人意之处，尚祈方家不吝指正。

编著者

出版人　蒋　恒
项目统筹　石英飞
责任编辑　唐念慈
装帧设计　任惠安
责任校对　程翠华

装帧顾问　张　望

图书在版编目（CIP）数据

金石篆刻／魏皓奔主编；西泠印社社委会编著.—杭州：浙江摄影出版社，2008.5（2023.1重印）
（浙江省非物质文化遗产代表作丛书／杨建新主编）
ISBN 978-7-80686-622-1

Ⅰ.金…　Ⅱ.①魏…②西…　Ⅲ.金石—篆刻—简介
Ⅳ.K877.24

中国版本图书馆CIP数据核字（2008）第030355号

金　石　篆　刻

魏皓奔 主编　西泠印社社委会　编著

出版发行 浙江摄影出版社
地址　杭州市体育场路347号
邮编　310006
网址　www.photo.zjcb.com
电话　0571-85170300-61007
传真　0571-85159574
经　　销 全国新华书店
制　　版 浙江新华图文制作有限公司
印　　刷 廊坊市印艺阁数字科技有限公司
开　　本 960mm×1270mm　1/32
印　　张 7
2008年5月第1版　2023年1月第3次印刷
ISBN 978-7-80686-622-1
定　　价 56.00元